Gernhardt

Prosamen

AF185964

Robert Gernhardt

Prosamen

Mit einem Nachwort
des Autors

Reclam

RECLAMS UNIVERSAL-BIBLIOTHEK Nr. 14697
1995, 2025 Philipp Reclam jun. Verlag GmbH,
Siemensstraße 32, 71254 Ditzingen
info@reclam.de

Lizenzausgabe mit freundlicher Genehmigung
der S. Fischer Verlag GmbH, Frankfurt am Main

Umschlagzeichnung: Robert Gernhardt
Druck und Bindung: Esser printSolutions GmbH,
Untere Sonnenstraße 5, 84030 Ergolding
Printed in Germany 2025
RECLAM, UNIVERSAL-BIBLIOTHEK und
RECLAMS UNIVERSAL-BIBLIOTHEK sind eingetragene Marken
der Philipp Reclam jun. GmbH & Co. KG, Stuttgart
ISBN 978-3-15-014697-2
reclam.de

Das Motto

In einem schmalen, unscheinbaren
Büchlein steht oftmals weniger drin,
als in so manch einem dickleibigen Roman.

Inhalt

I Berichten

II Betrachten

III Erzählen

1 Berichten

Die Frage

Wußten Sie schon ...

... daß nur der Mensch Schlange steht, die Schlange selber aber kriecht?

... daß auch die schönste Frau bereits an den Füßen aufhört?

... daß das Wort »Frankreichtour« gebenedeit ist vor allen anderen Worten, da in ihm sämtliche Vokale in alphabetischer Reihenfolge enthalten sind?

... daß nachts alle Glatzen kahl sind?

... daß bei uns jeder denken darf, was er sagt?

... daß vor Gott sieben Tage nur wie eine einzige Woche sind?

... daß Brechts Drama »Mutter Courage«, das schon in der Musicalfassung »Mut, Mutter« ein großer Erfolg war, nun unter dem Titel »Kopf hoch, Muttchen!« verfilmt werden soll?

… daß eine Schwalbe zwar noch keinen Sommer macht, zwei Schwalben jedoch schon einen Haufen Schwalben machen können?

… daß die Masturbation bei den Krimtartaren als das beste Mittel gegen kaltes Duschen angesehen wird?

… daß der Mensch dem Wolf ein Wolf ist?

… daß es auch in Eckkneipen rundgehen kann?

… daß das stolzeste Bauwerk des Niederrheins, der Kölner Dom, innen hohl ist?

… daß Beethovens Neunte ein Fräulein Stobeier aus Grinzing war?

… daß der Biß eines einzigen Pferdes für eine Hornisse tödlich sein kann?

… daß es eine Unsitte ist, Sätze nicht zuende zu schrei?

Die Antwort

Herr M. in N. Wieso es dem Benzin schadet, wenn man Zucker in den Tank schüttet?

Nun – Ihr Zucker wird ja auch nicht besser, wenn man Benzin in die Zuckerdose gießt.

Herr X. in Y. Ja, als Freiberufler müssen Sie Buch führen – in diesem Punkt hat das Finanzamt Sie richtig informiert. Aber keine Angst – es geht ganz einfach: Sie kaufen sich ein Büchlein und tragen links Ihre Eingaben und rechts Ihre Ausnahmen ein.

Beispiel Eins: Sie fordern zur Sommersonnenwende, daß der Bundespräsident Sie unverzüglich in den erblichen Ruhestand versetzt. Kommt in die Rubrik »Eingaben«.

Beispiel Zwei: Sie beschlafen zwar grundsätzlich keine Adligen, aber bei der Kronprinzessin Dieter wollen Sie mal nicht so sein – kommt in die Rubrik »Ausnahmen«.

Am Jahresende rechnet dann Ihr Finanzbeamter Eingaben und Ausnahmen gegeneinander auf, und zum Schluß sind Sie wieder mal der Dumme.

Frau A. in B. Nein, es stimmt nicht, daß die Fledermäuse ein Radarsystem besitzen, das sie auch bei tiefster Dunkelheit traumhaft sicher fliegen läßt. Sie ecken verhältnismäßig oft an. Aus diesem Grunde fliegen sie übrigens auch immer nur bei tiefster Dunkelheit: Damit nicht allzuviele Zeugen mitansehen, wie sie dauernd gegen die Wände rauschen.

Die Nachricht

Ein schönes Erfolgserlebnis hatte der Spitzensportler Sperlich, als er im Rahmen eines Sprungs vom Ulmer Münster schon beim ersten Versuch die Fallgeschwindigkeit erreichte.

Die Flucht in die Krankheit glückte drei Insassen der Strafanstalt Bad Wuschl. Sie werden jetzt im Anstaltslazarett gegen Hals, Nasen und Ohren behandelt.

Weil er vorsätzlich vorbeifahrende Segelschiffe mit »Aha« statt mit »Ahoi« begrüßt hatte, wurde dem Janmaat Pitter die Benutzung der 7 Weltmeere verboten.

Neben die fünf bekannten Schwierigkeiten beim Schreiben der Wahrheit ist im Markgräfler Ländle dieser Tage eine sechste getreten. Dort sind die Kugelschreiber alle.

Einmal mehr bestätigte sich in Bergisch-Gladbach eine alte Volksweisheit: Das beidhändige Kippen, das Hänschen nicht erlernt hatte, lernte Hans Nimmermehr in der Rekordzeit von drei Runden.

Eine Kreuzung zwischen Lachs und Luchs gelang dem Züchter Brosam. Sie kann kaum hören, aber nicht schwimmen und soll unter dem Decknamen Lauchs zu Zwecken der Umweltverschandelung eingesetzt werden.

Jesus soll nun doch heiliggesprochen werden. Das verlautete aus gewöhnlich gut deformierten Kreisen um Papst Nautilus, der Jesus' Ernennung zum St. Jesus allerdings als reine Formsache herunterzuspülen versucht.

Eine Ladenkasse erbrach ein Düsseldorfer Tagedieb im Kaufhaus Bertie. Der sofort hinzugezogene Bereitschaftsarzt erklärte, er habe ja schon Pferde kotzen sehen, aber so etwas sei ihm in seiner ganzen Praxis noch nicht vorgekommen.

Der Odenwald macht einen stark verwohnten Eindruck – das stellten Förster während einer Begehung fest. Die Waldbewohner, allen voran die Dachse, müssen nun mit einer Räumungsklage rechnen.

Nicht ohne Fohlen blieb ein zärtliches Beisammensein von Stute Halla und Hengst Berto. Stolz präsentierte die Mutter dieser Tage ihr fuchsrotes Folgen, das auf den Namen »Siemirunauffällig« getauft wurde.

Der Fluch der bösen Tat ereilte den Seeräuber Sobireit ausgerechnet am Tag der bösen Flut, als ihn eine Wassermasse hinterrücks ganz naß machte.

Eine überzeugende und rundum zufriedenstellende Dubeziehung glückte dem stellungslosen Holger Rorbruch, der aus dem Pinnsee einen Dube von zwei Metern Länge zog, der zur Zeit von dem Dermoplastiker Darlich eingestopft wird.

Das Weltall wird auch immer dicker, stellten amerikanische Gynäkologen während einer tour d'horizon fest. Als Ursache vermuten sie: Zuviel Sterne, zuwenig Bewegung.

Das erste Mal seit man Rom ohne H schreibt, wird am kommenden Sonntag in Bad Wuschl wieder das Jungfrauenwahlrecht praktiziert. Von dieser Maßnahme verspricht sich der Magistrat eine erhebliche Umsatzsteigerung in den Wahllokalen. Geldgier, wohin man auch schaut.

Den Mut zur Farbe bewies der Pfarrer von Kempten/Allg., der seine Gemeindemitglieder einheitlich anstreichen ließ. Er wählte dafür ein Lindgrün, das vielleicht eine Spur zu grell war.

Im Bremer Übergangszoo kamen in der letzten Nacht erstmals lebende Schnürsenkel zur Welt. Die Zooleitung hofft stark, daß es auch das letzte Mal bleiben wird.

Die Richtigstellung

In unsere Rechtsberatung hat sich leider ein Fehler eingeschlichen. Statt »Wie zeugt man einen Schmierer?« muß die Überschrift »Wie schmiert man einen Zeugen?« heißen. Außerdem sollte es statt »Einer der bekanntesten Knabberkekse sagte mir einmal …« »Einer der bekanntesten Rechtsanwälte sagte etc.« lauten.

Die Gegendarstellung

Sie haben unlängst folgende Behauptung aufgestellt: »Trotzdem Franz Burschel 17 Klare getrunken hatte, machte er einen total betrunkenen Eindruck.« Dieser Satz ist unrichtig. Er muß »Obwohl Franz Burschel etc.« heißen.

Franz Burschel, Emden

Die Klarstellung

Die unnötigerweise entbrannte Diskussion, ob Hamlet zu Laertes »Das interessiert mich nicht die Bohne« oder »Das interessiert mich nicht die Biene« sagt, hat uns dazu veranlaßt, noch einmal einen Blick in das englische Original zu werfen. Und da heißt es unmißverständlich: »That interests me not the bean.« Alles klar?

Der Tip

Haltbarerer Saft. Tomatensaft bleibt länger in der Dose, wenn man die Löcher nicht in der Unter–, sondern in der Oberseite der Dose anbringt. Er fließt dann nämlich nicht so raus.

Schönere Risse. Risse in der Hose kommen besser zur Geltung, wenn man an der Hose ein Pappschild mit der Aufschrift »Beachten Sie bitte auch die schönen Risse in der Hose. Vielen Dank« anbringt.

Unverkohltere Bibeln. Brandspuren in Bibeln lassen sich verhindern, wenn man seine Zigaretten statt dessen in einem Aschenbecher ausdrückt.

Das Telefongespräch

A Hallo, hier wir! Wer dort?

B Ich bin's!

A Sie dort?

B Nein, hier!

A Moment, hier sind wir!

B Hier? Ich bin allein!

A Ja, dort.

B Nein, hier!

A Wo denn da?

B Am Apparat.

A Da sind wir auch.

B Wo denn?

A Hier.

B Hier doch nicht!

A Doch, hier!

B Nein, nein. Hier bin nur ich.

A Und hier sind nur wir.

B Ach ja? Na, dann bleibt die Sache wenigstens unter uns.

A Danke, das genügt.

Der Rückblick

Erinnern Sie sich noch?

Vor 10 Jahren: Die Gewerkschaft Filz, Stifte, Kritzeln erkämpft 48-Stunden-Tag. In Plön wird Dieter, der Dreinschnabler, dazu verurteilt, nicht immer in Dinge dreinzuschnabeln, von denen er nichts versteht.

Vor 100 Jahren: Im Emsland wird ein Köhlerweiblein gesichtet, das auf dem Schambein lahmt.

Vor 1000 Jahren: In Magdeburg geht das Konzil von Prag beim Stande von 2:1 zuende. Hermann von Hohenstaufen beschläft Walpurga, eine weitschichtige Mahm mütterlicherseits, und zieht sich dabei einen haushohen Tripper zu.

Vor 10 000 Jahren: In Ägypten wird der Raddampfer erfunden.

Vor 100 000 Jahren: Moritz, das Mammut, durchschwimmt als Erster den Kaiser-Wilhelm-Kanal in Schrägrichtung.

Vor 1 000 000 Jahren: In immer breiteren Tierkreisen ist die Lungenatmung en vogue. Stielauge, der Urkrebs, versteht die Welt nicht mehr.

Das Info

Betr. Marketing

Die Wiege des Marketing stand in Nürnberg. Als der bekannte Freund und Kupferstecher Albrecht Dürer merkte, daß der Absatz seiner Kupferstich-Passion stagnierte, fragte er in seinem Bekanntenkreis herum, was die Leute sich denn gerne ins Zimmer hängen würden.

»Eynen strammen Reutersmann«, meinten 52 % der Befragten, 28 % waren für »Freund Hein«, 11 % votierten für »Beelzebub« und die restlichen neun Prozent verteilten sich auf »Eyn scharf nackicht weyblein«, »Eyn großes Rasenstück«, »Dürers betende Hände« und auf ähnlich abwegige Vorschläge.

Auf Grund dieser Befragung strickte Dürer sein Blatt »Ritter, Tod und Teufel« zusammen, stieß mit ihm in eine Marktlücke und verdiente dabei so viel, daß er das unter Denkmalschutz stehende Dürer-Haus kaufen konnte.

Die Firmen von heute machen es im Prinzip nicht anders. Ein Fall aus der Praxis: Der Zwieback-Konsum läßt nach. Die alarmierte Zwieback-AG läßt den Markt untersuchen und stellt dabei fest, daß drei Gründe verantwortlich sind:

1. Der Zwieback gilt als hartes Nahrungsmittel, 2. Der Zwieback gilt als zu trocken, 3. Der Zwieback gilt als Nahrung für Kinder.

Das Management zieht die Konsequenzen und bringt einen flüssigen Zwieback auf den Markt, der, mit 40 % Alkohol angereichert, lediglich an Erwachsene verkauft werden darf. Um jede Assoziation mit Opas Zwieback zu unterbinden, nennt er sein Produkt »Doppelkorn« und verdient sich eine goldene Nase.

Ein extremes Beispiel? Gewiß. Und nicht immer gibt der Erfolg dem Marketing recht. Als abschreckendes Beispiel kursiert in der Branche die »Leichenwäscher-Schokolade«. Leichenwäscher – das hatte die Statistik ergeben – lagen in ihrem Schokolade-Konsum haustief unter dem anderer Berufsgruppen. Warum? Nun, mit ihren nassen, seifigen Händen mochten die Leichenwäscher während ihrer Arbeit ganz einfach keine Schokolade anfassen. Die Hersteller konterten mit einer extrem fahlen, nassen und seifigen Schokolade, die den Geschmack der Hände noch übertönen sollte. Vergebliche Liebesmüh! Das falsch gemarktete Produkt fand keine Käufer und mußte schließlich umgetütet und – wegen seines leicht süßlichen Aromas – als »Kinder-Seife« verschleudert werden. Denn, wie schon eine alte Marketing-Regel sagt: »Man kann dem Kunden zwar etwas andrehen, was er nicht braucht, jedoch nie, was er nicht kauft.«

Die Hausmitteilung

18. 7. 11-Uhr-Konferenz im grünen Chefzimmer, und wieder einmal stellt sich die Frage: »Wie kriegen wir das nächste Heft voll?«

»Ich hätte da ein Thema …«, räuspert sich Gernhardt.

»Ja?«

»Mir ist aufgefallen, daß erstaunlich viele bedeutende Männer Namen tragen, die irgendwie mit Nahrungsmitteln und dem Essen zusammenhängen …«

»Ja? Welche denn?«

»Nun, Helmut Kohl … Otto Hahn … Max Brod … Bruno Ganz …«

»Hm«, überlegte Chefredakteur Zirfeld. »Klingt interessant. Aber es müßten noch mehr Beispiele her …«

»Johann Mario Semmel!« ruft Redaktionsbote Dr. Golz keck.

»Richtig! Weitere Vorschläge?«

»Maxim Gurki!«

»Sehr gut! Und? Weiter?«

Und auf einmal reden alle durcheinander: »Arthur Schnitzel!« – »Walter Bratenau!« – »Peter Handkäs!« – »Wolfgang Amadeus Mozartkugel!« – »Thomas Manna!« – »Samuel Gebäckett!«

»Genug!« will Zirfeld abwichteln, doch Leihbischof Klamm läßt sich so schnell nicht zum Schweigen bringen.

»Kotzebue!« ruft er aus, »ermordet von dem Studenten Sandwich!«

»Fein. Etwas fürs Feuilleton. Wer schreibt's? Ja? Herr Waechter?«

»Mao Seezunge ...«

»Tse Tung!« verbessert Zirfeld giftig. »Wir wollten während der Redaktionskonferenz doch nicht mehr mit Worten spielen! Also – schreiben Sie's?«

Waechter nickt, und Zirfeld fährt fort: »Thema Nummer zwei: In China sollen die Tschu En Leihgebühren drastisch erhöht worden sein, wer ...?«

Ja liebe Leser – so wird bei uns gearbeitet. Und wie läuft's bei Ihnen?

2.2. Elf-Uhr-Konferenz. Leihbischof Klamm hebt den Finger:

»Mein Chefredakteur! Wir werden eine Berichtigung in das nächste Heft einrücken müssen!«

»Ei wieso denn?«

»Als wir unlängst behaupteten, alle bedeutenden Männer hätten seltsamerweise Nahrungsmittel als Nachnamen, irrten wir!«

»So?«

»Jawohl. Es handelt sich nicht um Nahrungsmittel, sondern um Alkoholika.«

»Beweise?«

»Wolf Biermann, Calvadostojewski, Jean Genever, Joseph Cognac ...«

»Das sind nach Adam Riesling aber erst vier Namen«, kontert Zirfeld kühl, »weiter!«

»Peter Weißwein, Joseph Rothwein, Aquavittgenstein, Wermut Heissenbüttel, Hans Magnus Enziansberger, Albert Schampus ...«

»Wie bitte?«

»Oder Schampü, wie der Franzose sagt, Selma Lagerbier, Simone de Bommerlunder ...«

»Moment mal! Die Frau heißt immer noch Beauvoir!«

»Irrtumsk, Irrtumsk!« kreischt Klamm, »Beauvoir heißt doch ›Auf Wiedersehen‹!«

»Stimmt«, gibt Zirfeld bedrückt zu, doch dann plärrt er elegant zurück: »Na denn Beauvoir bis zum nächsten Mal, meine Herren! Ich muß noch etwas im fünften Buch Mosel herumblättern, mein Artikel über den Apostel Paulaner – Sie verstehen ...«

Zirfeld – wenn es ihn gäbe, müßte man ihn nicht erfinden ...

Das Interview

»Ratten nichts als Ratten«

Herr Putel, Sie haben unlängst die These aufgestellt, daß Mondrians Leistung hauptsächlich darin zu suchen sei, daß er in seinen Bildern radikal die Bisamratten weggelassen hat, die bis dahin das bevorzugte Thema der abendländischen Malerei gewesen seien. Wie kommen Sie zu dieser Behauptung?

PUTEL. Ganz einfach. Schaun Sie sich die Bilder Mondrians einmal unvoreingenommen an, und Sie werden feststellen: Ergebnis Fehlanzeige. Ich meine, falls Sie Bisamratten auf ihnen suchen. Schwarze Linien – ja. Aber keine Bisamratten.

Zugegeben...

PUTEL. Seh'n Sie? Seh'n Sie?

Aber in der abendländischen Malerei vor Mondrian werden Sie ebenso vergeblich nach Bisamratten suchen. Nehmen Sie Rembrandt...

PUTEL. Nein danke, ich rauche nicht.

Wir meinten den Maler.

PUTEL. Ach den! Den alten Bisamrattenpinsler!

Na hören Sie mal! In Rembrandts gesamtem Werk werden Sie keine einzige Bisamratte finden, Herr Putel!

PUTEL. Und weshalb wurde er dann »der alte Bisamrattenpinsler« genannt? Hä?

Wer hat ihn so genannt?

PUTEL. Ich. Eben.

Wir müssen wohl noch deutlicher werden, Herr Putel. Denken Sie an Raffael...

PUTEL. Ungern.

Aber Raffael hat doch...

PUTEL. Ach der! Ja! Ratten-Raffael, wie ja oft und gerne gesagt wird...

Auch von Ihnen?

PUTEL. Ja. Ich glaube schon. Sagte ich nicht eben Ratten-Raffael?

Ja.

PUTEL. Seh'n Sie? Und eben schon wieder. Also oft nenne ich den auf jeden Fall so. Ob auch gerne – na ja ...

Herr Putel! Bei welchem italienischen Maler von Raffael bis
  Botticelli . . .

PUTEL. Bisam-Botti! Sagen Sie ruhig Bisam-Botti, so wird
  er ja wohl in den Kunstgeschichten tituliert.

In keiner einzigen!

PUTEL. Nein? Na, ich müßte mal in eine reinschauen. Das
  habe ich mir schon oft und oft gesagt. O, hätte ich nur
  auf mich gehört!

Tun Sie das mal. Dann werden Sie nämlich auch schnell
feststellen, daß Sie auf keinem Bild eine Bisamratte finden
werden.

PUTEL. Ehrlich? Was denn dann?

Zum Beispiel Landschaften . . .

PUTEL. Landschaften?

Oder Kreuzigungen . . .

PUTEL. Kreuzigungen?

Oder Portraits . . .

PUTEL. Muß ich sehen! Wo findet man denn den ganzen
  Schamott?

In Museen.

PUTEL. Museen? . . . Muß ich mir merken, das Wort!

Sie lassen Ihre Behauptung also fallen?

PUTEL. Klar. Liegenlassen, tritt sich fest. Habe noch ganz
  andere zu Hause! Tschüs, Jungs!
  Museen . . . Was es nicht alles gibt . . . Museen . . . *(Mur-*
  melnd nach rechts ab.)

Die Reportage

Des Pöbels Kern

Um es gleich zu sagen: Steine habe ich nicht geschmissen. Auch keine Stinkbomben oder Kanonenschläge. Doch ich war einer der »rund vierhundert Punker und Rocker« (Bild), nein, einer der »etwa achthundert Krakeeler« (Frankfurter Allgemeine Zeitung), nein, einer der »weit mehr als tausend Menschen« (Neue Presse), nein, einer der »etwa 1500 Zuschauer« (Frankfurter Rundschau), die hinter der Absperrung standen, als die etwa 2600 festlich gekleideten Gäste des ›Ersten Internationalen Frankfurter Opernballs‹ ihren Gang vom Autohalteplatz zum Portal des feenhaft erleuchteten Gebäudes antraten. Vierzig Meter nur, doch werden diese vierzig Meter manchem der Schönen und Reichen schier endlos vorgekommen sein. Waren sie doch »eine Zone der Häme, der Infragestellung« (Frankfurter Rundschau), warteten da doch »Zaungäste auf die Festgäste, um sie zu beschimpfen« (Neue Presse), wurde doch der »Weg zum Opernhaus zu einem regelrechten Spießrutenlaufen« (Bild), »tobte« doch »im dunklen Kreis vor der Absperrung das Geschrei der Hölle« (FAZ). Und wer war daran schuld? Die Häßlichen und Besitzlosen: »Neider« (Frankfurter Rundschau), »gewalttätige Demonstranten« (Abendpost), »gewalttätige Chaoten« (Bild), »heulende Derwische« (FAZ), »150 bis 200 Personen der Szene, die als Krawallmacher bekannt sind« (ein Polizeisprecher) – mit einem Wort: der Pöbel. Und ich, schlimm, schlimm, immer mittenmang. Fühlte mich, schlimmer noch, unter diesen Säuen ganz kannibalisch wohl, obwohl ich doch eigentlich nur einen Freund

hatte treffen und dann unverzüglich ein Wirtshaus aufsu-
chen wollen.

Was bewog mich zu bleiben, frage ich rückblickend. Wie-
so nahm ich geschlagene anderthalb Stunden an diesem
nichtsnutzigen Spektakel teil? Trotz der Kälte, des Hungers
und des sich ständig mehrenden Polizeiaufgebots?

Schaulust, belüge ich mich. Schließlich sieht man so et-
was nicht alle Tage: Zylinder, Roben, Ausgeh-Uniformen,
einen britischen Prinzgemahl gar. Als ob ich mich je für
diesen Tinnef interessiert hätte.

Kritische Zeugenschaft, versuche ich mir weiszuma-
chen. Man wird doch wohl noch wissen dürfen, wie das
Gesicht dieser herrschenden Klasse aussieht, die locker
300 Mark Eintritt und 250 Mark für den Sitzplatz löhnt, um
mitten in Frankfurt vor aller Augen den ergaunerten Mehr-
wert auf den Kopf zu hauen. Als ob nicht jedes Bankgebäu-
de der Stadt eine deutlichere Sprache redete.

Nein, es war das ganz und gar pöbelhafte Benehmen des
Pöbels, das mich zum Bleiben bewog. Nicht die in allen
Blättern kolportierten Steinwürfe – ich sah keine – oder die
Kanonenschläge – ich hörte nur einen – machten das Gaf-
fen so unterhaltsam, sondern all der Lärm und all das Ge-
räusch, das der Pöbel nach altehrwürdiger Pöbelmanier
produzierte: »Pfeifkonzerte«, »Gejohle« und »Schmähru-
fe«. Wobei sich der Pöbel, Gott sei's geklagt, im Laufe des
Abends deutlich steigerte. Noch um halb acht, als Prinz
Philip vorfuhr, konnte man ihn eigentlich kaum als richti-
gen Pöbel bezeichnen, da glich die Geräuschkulisse noch
sehr der eines ganz beliebigen Fußballplatzes: Trillerpfei-
fen und Buhrufe. Doch je später der Abend, je zahlreicher
und strahlender die Gäste, desto schmutziger, bilderbuch-

hafter und festumrissener formte sich die Menge der einzelnen Schaulustigen zur Masse des Pöbels, der offensichtlich zusehends darauf aus war, seinem Namen alle Ehre zu machen.

»Es liebt die Welt, das Strahlende zu schwärzen –«, wohl wahr. Rudel schwarzgekleideter Herren – schließlich war Frack angesagt – wurden mit dem Ruf »Schwarzer Block, Schwarzer Block« begrüßt. Schönen und schön dekolletierten Frauen wurde ein ganz unpassendes »Peepshow, Peepshow« entgegengerufen. Eilte, was häufiger vorkam, ein Mann mit zwei Frauen auf die Oper zu, brachte der Pöbel diesen Vorgang auf die äußerst gemeine Formel »Dreierbob, Dreierbob«. Alles im Chor, wohlgemerkt, durchsetzt von pöbelhaften Einzelrufen wie »Hand vom Sack« – wenn da ein unschuldiger Gast die Hand in der Hosentasche verbarg, »Versager« – wenn da ein Mann ganz ohne Frau den Festplatz ansteuerte, »Gradehalten« – wenn sich da einer nicht gradehielt.

» – und das Erhabne in den Staub zu ziehen«, leider, leider. »Amis raus aus El Salvador und der Oper« – diese äußerst unrhythmische Aufforderung mag einer der zahlreichen amerikanischen Militärs in Gala-Uniform vielleicht gerade noch begriffen haben. Was aber sollte er mit dem sehr viel flüssigeren Sprechchor »Geht doch alle rüber!« anfangen? Der Pöbel jedoch schrie's und amüsierte sich königlich. »Das ist euer letzter Ball!« – schierer Voluntarismus, gewiß, doch immerhin eine einigermaßen deutliche Aussage. Auch deutlich einzuordnen: So spricht der Systemveränderer. Viel schreckerregender aber wirkten offensichtlich so rätselhafte Sprüche wie »Ausziehn, Ausziehn« oder »Liften, Liften« oder auch »Schneller, Schneller, Schneller«. Da

konnte es schon passieren, daß Gäste wirklich schneller dem rettenden Portal zustrebten, daß ein Schuh hängenblieb oder ein Zylinder herabfiel – man erspare es mir, das jeweilige »Freudengeheul« des Pöbels zu schildern. Es war schrecklich. Schrecklich mitreißend.

Seit jenem Abend bin ich gegen Opernbälle. Der Auftrieb der Feinen schweißt die Unfeinen zusammen. Hohe Eintrittspreise wecken niedrigste Instinkte. Glanz erst läßt die Finsteren ihrer ganzen Finsterkeit innewerden. Und sie haben auch noch Spaß dabei!

Denn in einem Punkt sollte sich niemand etwas vormachen: Neider waren das nicht, die da pöbelten. Die wären den Reichen nicht für Geld in die Oper gefolgt. Wo es übrigens, glaubt man der FAZ, fix dröge zugegangen sein muß: »Viele Gäste waren noch Stunden nach Beginn des Festes über die Vorfälle empört, die eine den Ball verachtende schreiende Minderheit verursacht hatte« – wenn die kein anderes Gesprächsthema gehabt haben!

Während der Pöbel mal wieder kostenlos voll auf seine Kosten kam. Da war hinterher keiner empört, glaube ich. Die kommen das nächste Mal alle wieder, fürchte ich. Denen sollte man das Handwerk legen, empfehle ich. Mein Rat: Macht euren Opernball irgendwo, wo es nicht so auffällt. Aber doch nicht ausgerechnet in der Oper!

(1982)

II Betrachten

Der Spruch

»Sterben«, soll ein kluger Franzose einmal gesagt haben, »heißt immer auch zugleich mourir un peu.«

Einem klugen Franzosen zugeschrieben

»Nicht keckern – kotzen!«

Oberförster Pudlich zu einem betrunkenen Dachs

»Du willst mich wohl verarchen!«

Noah zu Jahwe, anläßlich der Diskussion zum Thema »Sintflut«

»Virus, Virus, gib mir meine Legionen wieder!«

Kaiser Augustus, nachdem er davon erfahren hatte, daß sein Feldherr Quintilius Virus im Teutoburger Wald von Hermann dem Tuberkel vernichtend geschlagen worden war

Der Slogan

13. 4. Es geht um eine nichtalltägliche Aufgabe: Das Deutsche Schirm-Institut hat alle WimS-Redakteure aufgefordert, sich an einer PR-Aktion für das schlechte Wetter zu beteiligen. Gesucht wurde ein knapper, einprägsamer Slogan. Und das sind einige der Ergebnisse:

»Wenn es gießt und pladdert / bin ich nicht verdattert / ich spanne auf meinen Schirm / dann mag es ruhig regnen Fäden von Zwirn« (Waechter).

»Welch ein enormer Segen / kann doch sein ein gutdurchwachsener Regen« (Bernstein).

»Ein Hoch dem Tief« (Gernhardt).

Wer wohl das Rennen machen wird?

Der Aphorismus

Halali!

Der Aphorismus, jene Kunst, mit wenigen Worten gar nichts zu sagen, schien in Deutschland lange Zeit so gut wie ausgerottet. Doch der Eindruck täuschte. Nachdem seit geraumer Zeit ständig einzelne Exemplare von Polen kommend über die zugefrorene Elbe in die Bundesrepublik wechselten, ist der Aphorismus bei uns nun wieder ganzjährig anzutreffen. Etwa in der Seckbacher Heide, wo Unterförster Norbert Gamsbart in einer einzigen schwachen Stunde die folgenden Exemplare zur Strecke bringen konnte:

Beim Anblick eines Kohlenhändlers: Ein Gentleman vom Scheitel bis zur Kohle.

Definition der Ehe: Ein Paradies für die Frau, für den Mann lebenslang »Bau«.

Der Mensch wird nie fertig. Deshalb sollte man ihm ruhig Beleidigungen zufügen.

»Aua!« sagte der Pirat, als er in den Bauch gestochen wurde.

Lauf der Welt: Die Dummen werden nicht alle, aber alle werden dummer.

Ich denke, also bin ich – ein Denker.

Vor den Erfolg haben die Götter den Scheiß gesetzt.

Die Quizfrage

Knautschke fragt: Wer war's denn nun schon wieder?

Es sind nicht die schlechtesten Autoren, die der Welt unsterbliche Meisterwerke geschenkt haben, und ihm ist es gelungen, sich in diesen Kreis hineinzuschreiben. Vorerst freilich glich sein Leben dem eines jeden Menschen: Von einem Mann unter Schmerzen gezeugt, von einem Weibe unter Umständen geboren, wuchs er im Norden seines Vaterlandes auf. Seiner erzählerischen Begabung genügte das jedoch bald nicht mehr, er begann zu schreiben und landete auf Anhieb den Bestseller »Buddelbox«.

Nach Jahren des Schweigens folgte sein nächster großer Treffer, »Der Zauderzwerg«. Sein Ruhm begann sich über die Grenzen seiner Heimat zu verbreiten und seine späteren Werke wie »Motte im Eimer« und der Roman »Doktors Hausputz« wurden Welterfolge. Sein Weltruhm wurde gekrönt durch die Verleihung eines Preises, der »Hotelpreis« hieße, finge er nicht mit einem N an und hätte er nicht ein b in der Mitte.

Seine Enkelkinder, von denen er eine Menge hatte, nannten ihn gern »Omas Mann«. Einem breiteren Publikum freilich wurde er unter einem anderen Namen bekannt.

Wer war's?

Das Gedenkblatt

Der vergessene Mameluck

Selbst Professoren der Germanistik wissen nicht mehr, welch merkwürdige Rolle der Mameluck Mustafa ben Ough (in deutscher Schreibweise: *Auch*) in der Dichtung seines Gastlandes gespielt hat. Und doch haben ihn zwei der größten deutschen Dichter teils rühmend, teils mitfühlend besungen. Der erste war Schiller, der den Mamelucken in Jena kennenlernte, wohin diesen die wirren Zeitläufte verschlagen hatten. Er war von der Tapferkeit des äußerlich unscheinbaren Mannes so beeindruckt, daß er ihm in seinem Gedicht »Der Kampf mit dem Drachen« ein Denkmal setzte:

> »Mut zeiget *Auch*, der Mameluck,
> Gehorsam ist des Christen Schmuck«

dichtete Schiller, der Christ, nicht ohne leise Resignation.

Nach seiner Jenaer Zeit verlieren wir den Mamelucken aus den Augen, doch einige Jahre später taucht er sterbenskrank im norddeutschen Wandsbek wieder auf und findet kurz vor seinem Tode Einlaß in eines der schönsten Lieder deutscher Sprache. Wir meinen das von Matthias Claudius verfaßte Gedicht »Der Mond ist aufgegangen«, in dem der mitfühlende Dichter Gott bittet, uns ruhig schlafen zu lassen, uns und »unseren kranken Nachbarn *Auch*«. Als Mustafa diese Zeilen zu Gesicht bekam, rührten sie ihn so sehr, daß er noch auf dem Totenbett konvertierte. Er starb als Christ.

Die Unkenntnis späterer Setzer oder Korrektoren bewirkte, daß beide literarischen Denkmäler so sehr entstellt wurden, daß sie heute vollkommen mißverstanden werden. Es ist daher dringend zu wünschen, daß in Zukunft die ursprüngliche Fassung der Gedichte wiederhergestellt wird. Wenigstens das sind wir dem tapferen Mamelucken schuldig – finden Sie nicht auch?

Der Nachruf

In memoriam Picasso

Von der Öffentlichkeit bemerkt, starb am letzten Zahltag – aber machen wir es kurz.

Picasso, von dem Pablo Matisse keinmal gesagt haben soll, er sei das Pique Asso der modernen Malerei, kam eigentlich als Pablo Karobubo zur Welt, nannte sich aber nach der Familie der Mutter Max Beckmann.

Schon früh begann er zu zeichnen, zusammen mit seinem Bruder Jan van Picasso entdeckte er die Ölmalerei, eine Vorläuferin des Kubismus.

Bereits mit 12 Jahren schnitt er sich das erste Ohr ab, wenig später schon galt er in seiner Heimatstadt Barcelona als Wunderkind; diesen Titel konnte er bis zum Jahre 1956 erfolgreich verteidigen, er verlor ihn erst nach einem Stechen an Pablo Mozart.

1902 kam Picasso nach Paris und bezog dort sein erstes Atelier, das später berühmt gewordene Künstlerdomizil Sacré-Cœur. Damals war die Seine-Stadt noch das Mekka der Künstler, Muhamed Manet und Ali Renoir waren die gefeierten Größen dieser Zeit, doch bald sollte ihnen der durch einen tragischen Unfall bereits seit der Kindheit verwachsene Korse den Rang ablaufen: Seine Fresken an der bis dahin für unbemalbar gehaltenen Nordwand von Notre Dame nötigten selbst Pablo Grohmann, dem Kunstpapst seiner Epoche – aber wem erzähle ich das alles.

An dieser Stelle sollte vielleicht eine Legende berichtigt werden, die bis heute hartnäckig totgeschwiegen wurde: Picasso war zwar kein Zöllner, er hat dafür aber auch keine Urwaldlandschaften gemalt, ja, er war sogar nie in Mexiko. Das geht aus seinem Fahrtenbuch, das er laut Auflage der Pariser Polizei führen mußte, eindeutig hervor. Jawohl.

Picasso war nun 25, aber seine Schaffenskraft war ungebrochen. Fast ertaubt, dirigierte er vor ausverkauftem Hause seinen berühmten Guernica-Zyklus, der mit dem für ihn so typischen Farbakkord Grau-Grau-Grau-Schwaaaarz beginnt und – aber kommen wir zum Schluß.

Picasso – sein Name umschließt eine ganze Epoche europäischer Kulturgeschichte. Als Kind tanzte er vor Napoleon, das heißt, Napoleon hat vor ihm getanzt, gut 150 Jahre vor ihm, aber auch später sollten große Frauengestalten seinen Weg begleiten: Käthe Kollwitz, Alma Mahler-Werfel, Marie Curie – er hat sie alle geliebt oder gemieden. Und als alter Mann noch entschloß er sich ein letztes Mal zur Ehe. An der Seite von Grandma Picasso lebte und malte er auf seinem Alterssitz Malente-Gremsmoulins ein Bild nach dem anderen, und zwar genau in dieser Reihenfolge. In dem Punkte war er eigen.

Nun hat er seinen Schirm für immer zugeklappt.

Ein Frühvollendeter, der trotzdem 18 Millionen Bilder, 170 Tausend Radierungen und 12 Handzeichen hinterläßt.

Ein Spanier, der trotz aller Erfolge der gutmütige Lauser von nebenan blieb.

Ein Maler, der das stolze Wort aussprechen konnte: »Ich suche nicht, ich pinsle.«

Der Aufsatz

Liebe – Eros – Sexus

Auf einer Abendgesellschaft wurde der greise Casanova von einem blutjungen Mädchen gefragt, welches eigentlich der Unterschied zwischen Liebe, Eros und Sexus sei. Er schaute sie bekümmert an und antwortete sinngemäß, was der Quatsch solle.

Diese Antwort ist bedauerlicherweise auch heute noch typisch. Dabei sind diese Unterschiede ebenso wichtig wie einfach.

Beginnen wir mit der Liebe. Sie meint das geistig-seelische Eins-Sein mit einem anderen Menschen, das meistens ganz harmlos beginnt, dann jedoch dazu führt, daß das Ich den Weg zum Du findet, um schließlich in einem ewigen beglückenden Geben und Nehmen zu enden.

Der Eros ist dahingegen schon daran zu erkennen, daß er auf den ganzen Partner, auf Körper *und* Geist gerichtet ist. Leider kann jedoch auch er zu einem beglückenden Eins-Sein und all den anderen Weiterungen führen, wenn man nicht sehr aufpaßt, da die Grenzen des Eros zur Liebe hin fließend sind. Wer sich absichern will, der sollte vor allem sein Ich unter Kontrolle halten und es, wenn es versucht, sich auf den Weg zum Du zu machen, notfalls mit Gewalt zurückpfeifen.

Der Sexus schließlich sieht im Partner ausschließlich ein Objekt der Lust. Kennzeichnend für ihn ist, daß er an die Stelle des Gebens *und* Nehmens das sehr viel einträglichere Nehmen setzt. Doch so erfreulich und verlockend das alles klingt – rein sexuelle Beziehungen sind ebenso selten wie schwierig zu gestalten. Sobald sie über das rein Körperliche hinausgehen – und das kann bereits mit harmlosen Fragen und Gesprächen beginnen –, schleicht sich nur allzuleicht der Eros in das Verhältnis ein, und von ihm zur Liebe ist es bekanntlich kein weiter Weg.

Daher ist Wachsamkeit nirgendwo so geboten wie gerade in den zwischenmenschlichen Beziehungen. Die geflügelten Worte Julias, mit denen sie Romeo an jenem berühmten Mittwochabend empfing – »Heute mußt du aber ganz besonders aufpassen!« –, sie gelten hier nicht nur für eine schwache Stunde oder einen starken Moment.

Das Feuilleton

Der Apfel des Apoll

Rot, leuchtendes Rot, die Farbe der Blattlaus, der Kardinäle, des Bluts – aber auch die Farbe der Tomate.

Tomate, heilige Frucht! Aphrodite – so berichtet der Mythos – soll sie einst einem Hirten geschenkt haben, der ihr einen Dorn aus der Pratze gezogen hatte. Sappho besingt sie: »Wo nur selten was verpufft, pufft, pufft, von dem Duft, Duft, Duft dieser Frucht, Frucht, Frucht«, heilig war sie auch den Etruskern, die in Tomatenhainen den Beginn des Sommerprogramms feierten.

»Veni, vidi, vici« – Zwiebel, Essig, Pfeffer: bereits Caesar bereitete seinen Tomatensalat auf dieselbe Art und Weise, wie er noch heute von den Bäuerinnen der Schlampagna gekocht wird, Frucht, in der sich die Jahrhunderte die Hände reichen.

Frucht aber auch der Zwietracht. Mit einer Tomate versuchten die Epheser den Apostel Paulus zu steinigen, der HErr aber ließ sie entsetzlich baden gehen. In »Onkel Tomates Hütte« darbten die versklavten Schwarzen. Eine Tomate führte der japanische Kaiser Hirohito in seiner Fahne, als er frevelnd Pearl Harbour überfiel, jene amerikanische Nobelpreisträgerin, die ihm ja nun wirklich nichts getan hatte.

Frucht schließlich der Gegensätze. Bestochene Dalai Lamas schmuggelten sie im Mittelalter von Paderborn nach China, in Tischtennisbällen versteckt gelangt die kostbare Fracht nach endlosen Mühen und kaum vorstellbaren Strapazen in Peking an, wo sie der Kaiser hastunichtgesehen verputzt. Eine Tomate aber war es auch, die Columbus auf die Idee von der Kugelgestalt der Tomate brachte. Und noch heute wird in Amerika die uralte Kunst beherrscht, Tomaten in Flaschen einzutüten: Indianisches Brauchtum lebt weiter in den atomatengetriebenen Ketchupwerken unserer Tage.

Tomate: Frucht zwischen Gestern und Osten ...

Die Kritik

Dreimal Mozart, dreimal Klassiker-Aufnahmen. Die erste zeigt das Wiener Wunderkind beim feierlichen ersten Spatenstich zu seinem Armenbegräbnis, zu sehen ist auf ihr wegen der schlechten Lichtverhältnisse nicht viel, zu hören gar nichts, wenden wir uns also den beiden anderen zu.

Da wäre zunächst einmal Leo Nachts Interpretation der Kleinen Blechmusik, die den Rezensenten freilich kaum überzeugen konnte, nicht wahr, Herr Rezensent?

»Nöö ... Finnichnichgut ... Finnichschwach ...«

Danke, ganz meiner Meinung. Denn soo kann man Mozart nun wirklich nicht mehr spielen: mit nur zwei Sturmspitzen, einer völlig konfusen Hintermannschaft und einer ersatzgeschwächten Streicherreihe, die mit den schweren Noten ganz einfach nicht fertig wird.

Wie anders dagegen der Ansatz Erwin von Karajans! Seine Interpretation desselben Werkes, die 1925 im großen Sendesaal des Merseburger Schlachthauses aufgenommen wurde, fesselt vom Anpfiff an. Durch einen kleinen Kunstgriff – Karajan läßt die Streicher weg und stellt statt dessen die Flöte in den Vordergrund –

»Die Piqueflöte!«

– jawohl, die Piqueflöte, danke, Herr Rezensent, Karo hatte Karajan ja gedrückt –, durch diesen kleinen Kunstgriff also erreicht Karajan nicht nur, daß die Tempi sehr viel lauter wirken, das ganze Werk bekommt auch etwas fast Musikalisches. Ohne ein einziges As, aber mit 27 Buben im Orchester versteht es der Interpret, der sich strikt an die Musikerregel »Langer Ton – kurze Farbe« hält, dem Opus jene heitere Grazie zu verleihen, die Mozart wohl vorgeschwebt haben mag, als er 1785 zu Haydn sagte: »Heit beschlauch i mi – mochst mit?«

»Immer!«

Ach, Sie auch? Herr Rezensent? Bin gleich so weit, muß bloß noch schnell einen Schluß finden – ah! Da ist er ja schon!

Die Rede

Rede zur Klage der Bastion

Liebe Landsläuse! Meine Rahmen und Sperren!

Ohrwurm geht es in diesen Runden? Warum: Anachronistische Säfte, Linksridiküle und ihre Lymphatisanzen schlucken sich an, unseren Spechtsrat zu hinterwandern! Nicht nur unsere freie Mißwirtschaft, nicht nur die Wiedervereisung Deutschlands in Friesen und Geilheit, nein, auch der innere Frieder unseres Geheimwesens ist verroht!

Da beißt es für jeden von uns, die Solidität der Demoskopen nicht nur in Torten, sondern auch in Braten zu beeisen!

Den Kicherreizorganen der Hundesreplik, der Bullizei, der Hundesmär, dem Hundesglänzschmutz sowie den Innengeschwistern der Bänder verschachern wir, und ich glaube, daß jeder hier in diesem hohlen Hause dieser Meisung ist, unser unschweingeschenktes Verdauen!

Die kommenden Knochen werden unsere Gürtel einer engen Zerreißprobe unterschnallen! Jetzt müssen sich Standhäßlichkeit und Bürgerkinn beweinen! Und deshalb ruhe ich alle Menschen guten Brüllens dazu aus, mit mir in den Ruf einzubrechen: Peinlichkeit und Knecht und Dreistheit müssen in unserem Kratersand wieder Gütigkeit verkommen! Und zwar jetzt oder wie!

Meine Samen und Spermen – ich zanke Minen für Ihre Ausmerzamkeit!

Beischlaf von allen Zeiten.

Die Predigt

24.4. Wegen Terminschwierigkeiten kann die WimS-Weihnachtsandacht erst heute stattfinden. Trotzdem ist selbst das geschäftige Mucksmäuschen still, als Leihbischof Klamm den Klappaltar entert und also beginnt:

»›Es begab sich aber zu der Zeit, daß ein Gebot von dem Kaiser Augustus ausging, daß alle Welt geschätzet werde‹ – jaa, so beginnt die Weihnachtsgeschichte. Was wollen uns diese Worte sagen? Da ist Augustus, ein großmächtiger Mann, ja, ein Kaiser gar. Und was befiehlt er? Befiehlt er, daß alle Welt heruntergeputzt werde? So wie es heute ja leider Mode geworden ist? Nein. Er gebietet ausdrücklich, ›daß alle Welt geschätzet werde‹.

›Aber, aber‹, so höre ich nun euch, liebe Zuhörer, sagen, ›ist es denn überhaupt möglich, alles und jedes zu schätzen?‹ Und hören wir nicht gerade heute allenthalben Sätze wie diesen: ›Ich schätze es gar nicht, wenn man mir Rotwein über die Hose gießt?‹ Nun, meine Lieben, wer so denkt ...«

»Schätze, das reicht!« schreit da Chefredakteur Zirfeld dazwischen.

»Herr Zirfeld, ich frage mich ...«, setzt Klamm an.

»Gegenfrage«, brüllt Zirfeld: »Welches Getränk ist seit der Währungsreform nicht teurer geworden? Das Freibier, von dem ich übrigens ein Glas im Nebenzimmer habe auffahren lassen, das nun ...«

Und – hast du nicht gesehen? – leert sich die Kapelle. Kannst du auch gar nicht gesehen haben, lieber Leser, warst ja nicht dabei. Tja, Pech für dich, denn es wurde noch ein grooooßer Weihnachtsabend ...

Die Reflexion

Was ist der Mensch?

Es ist schon ein seltsam Ding um die Reichen ...

Da traf ich neulich nach langer Zeit einen Klassenkameraden wieder, einen, der es, wie man so schön sagt, geschafft hat, einen Herrscher über Menschen, Mädchen und Maschinen.

Und was sagte mir dieser Mann? Pries er sich glücklich? Prunkte er mit seinen Schnürsenkeln aus eitel Speckstein und seinem Wams aus eitel Schnürsenkeln?

O nein. Er sagte vielmehr: »Jetzt habe ich schon seit über dreißig Jahren jede Menge Geld verdient, doch erst gestern erkannte ich, daß ich über diesem Treiben das Wesentliche vergessen habe … ›Mensch, werde wesentlich‹, las ich, als ich zufällig in den Sinnsprüchen des Angelus Silesius blätterte, und ›Genau!‹ dachte ich unwillkürlich. Den Rest meines Lebens aber werde ich dem Wesentlichen widmen. Und worin liegt das Wesentliche?

Für mich wird es in Zukunft darin liegen, *wesentlich* weniger zu arbeiten und *wesentlich* mehr zu verdienen …«

Und er sah mich mit einem Blick an, der mir durch und durch ging …

Nun, vielleicht nicht durch *und* durch. Aber *durch* bestimmt.

Das Gesetz

Hört, was ich euch verkünde:
Was ihr da tut ist Sünde.

Ihr dürft nicht euren Mitmenschen eins ins Kreuz schlagen und dann sagen: »Nicht so gemeint, bitteschön, alles halb so schlimm.«

Ihr sollt nicht nachts auf die Frauen eurer besten Freunde steigen und ausrufen: »Juvivallera! Die Sache macht ja Spaß!«

Geht nicht ans Henkelkörbchen der Witwe, um die besten Sachen herauszuklauen, den Rest aber zu lassen, vielleicht noch mit einem Briefchen: »Wohl bekomm's!«

So einer den Waisen Unrecht zufügt, so soll ihm auch Unrecht zugefügt werden.

Wer die Erstgeburt ausrottet, dem soll sie bis in das vierte Glied auch ausgerottet werden.

Ihr sollt nicht den alten Menschen verlachen und sagen: »Seht diesen alten Menschen! So alt und schon so hinfällig! Du machst es auch nicht mehr lange, Opa!«

Wer der Eitelkeit frönt und sich fortwährend im Spiegel betrachtet, der soll vierzig Hiebe bekommen.

Wer seine Notdurft nicht verscharrt, der soll verstoßen sein tausendfach.

So einer dem Weibe beiwohnt, das zur selben Zeit einem anderen Manne beiwohnt, so soll er weder Seiler noch Einzelhändler werden können.

Wer der Witwe beiwohnt in dem ersten Monat der Trauer, der soll zwei Scheffel Weizen erhalten. Wer ihr aber in jedem weiteren Monat beiwohnt, der soll leer ausgehen.

Heuchelt nicht!

So einer den Schnabel allzuweit aufreißt, so soll ihm der Älteste sagen: »Reiß den Schnabel nicht allzuweit auf!« Fährt er jedoch fort, den Schnabel allzuweit aufzureißen, so soll man ihn gewähren lassen.

Auch untersage ich das Eckenstehen, die Unzucht an Feiertagen und alles, was damit zusammenhängt, das Fangen und Braten von Schnepfen, sowie die widerrechtliche Inbesitznahme festen oder beweglichen Guts zum Zwecke der Weiterverarbeitung, Vernichtung, Verwendung oder Aufwertung. Der Versuch ist strafbar.

So einer seinen Schwestervater mit einem Beil bedroht, so soll man ihm einmal ganz deutlich klarmachen, daß es so nicht geht.

Redet nicht alle durcheinander!

Ferner gebe ich euch ein Wort, das ihr stets im Munde führen sollt. Ihr sollt es ausrufen, wenn ihr euch des Morgens erhebt, wenn ihr euch des Mittags zu Tische setzt, wenn ihr euch des Nachmittags anschickt, ein Nickerchen zu machen, wenn ihr des Abends zum Weibe geht und zu jeder anderen Tageszeit. Und ihr sollt es in Ehren halten, denn ich habe es euch gegeben. Das Wort aber lautet: »Schnüss.«

So ihr diese Gesetze beachtet, so soll es euch gut gehen. Ihr sollt in Seide gekleidet schreiten und die Tiere sollen euch untertan sein, sowie alle Völker westlich von Ratzeburg, die Völker aber, die östlich von Ratzeburg siedeln, sollen euch nicht untertan sein. Das gilt auch für die Völker, die gegen Abend wohnen, für die Völker unter der Mitternachtssonne und die Völker, die sich von Hunden nähren.

So ihr diese Gesetze aber mißachtet, will ich einen Bund zwischen mir und euch stiften. Und das habt zum Zeichen:

Ich will einen gewaltigen Lärm machen und ihr sollt ihn nicht hören. Das soll gelten für Greise, Greisinnen, Männer, Frauen, Kinder und Kindeskinder, sowie für alles Volk. Dieser Lärm aber soll 1000 Jahre und einen Tag dauern. Danach aber soll er nicht mehr dauern. Und es soll ein ewiger Friede sein.

Arnold Hau

Die Lehre

Aus dem Buch der Wandlungen

I

»Seht diesen Baum«, sagte Lao-tschi einst seinen Schülern unter einer Yunga-Eiche, in deren Schatten sie nach anstrengender Wanderung um die Mittagszeit ausruhten. »Mannsdick der Stamm, sieben Kulis könnten ihn nicht umfassen, stark wie die Arme der Arbeiter von Sezuan die Äste, nicht zu zählen das Blattwerk. Und doch war er einst eine winzige Eichel, ein unscheinbarer Keim. Was lernen wir daraus?«

Die Jünger, die bereits die Augen geschlossen hatten, öffneten sie wieder für einen Moment.

»Geschenkt, Meister, geschenkt!« riefen sie und »Schon gut«.

Seufzend blickte der Lehrer um sich, und als er alle schlafen sah, folgte er mißmutig ihrem Beispiel.

Eines Abends kam ein Jünger zu Lao-tschi und sagte mit erregter Stimme: »Meister, du erzähltest doch einst die Parabel von der Kirsche und dem Spatzen.«

Lao-tschi schaute auf und sagte: »So, tat ich das?«

»Ja«, sagte der Schüler. »Du erzähltest, daß ein Spatz eine Kirsche sah und Appetit nach ihr verspürte und sie verschlang. Da sie aber zu groß für ihn war, erstickte er an ihr. So geht es jedem, der allzu habgierig ist, sagtest du.«

»Sagte ich das?« fragte Lao-tschi. »Dann wird es wohl stimmen.«

»Nein, es stimmt ganz und gar nicht!« schrie der Schüler.

»Ich habe daraufhin die Spatzen beobachtet. Sie denken nicht daran, Kirschen zu verschlucken. Sie picken langsam an den Früchten herum, bis sie genug haben.«

»So?« sagte der Meister glücklich. »Da sagt man immer, die Spatzen hätten nur ein kleines Hirn. Und trotzdem haben sie auf meine Worte gehört und sich gebessert. Was lernen wir daraus?«

»Daß deine Parabeln hinten und vorne nicht stimmen«, brüllte der Schüler.

»Das auch«, entgegnete der Meister. »Aber ich wollte eigentlich noch etwas anderes sagen. Wie war das gleich? Na, es tut nichts zur Sache.«

Und er vertiefte sich wieder in das Buch der 88 Sprüche, während sein Schüler in eine Dunkelheit hinauswankte, die für ihn auch durch den milden Vollmond nicht heller wurde.

Lao-tschi pries einst das Wasser.

»Ich wüßte wirklich nicht, was ihm gleichkäme«, sagte er. »Der Wein? Nein, der ist von anderem Geschmack und berauscht. Das Gras? Nein, es ist grün und oben spitz. Der Stein etwa? Nein, der ist rund, und man kann ihn wegwerfen. Der wilde Büffel? Nein, er rennt ziellos hin und her und kann mit dem Schwanze wedeln.«

Hierauf schwieg Lao-tschi eine Weile, worauf er erschöpft fortfuhr: »Ich könnte euch noch andere Beispiele nennen. Doch vielleicht glaubt ihr mir auch so, daß ich wirklich nicht weiß, was dem Wasser gleichkäme?«

»Aber ja!« riefen die Schüler, die nicht im mindesten daran gezweifelt hatten, »Aber ja! Und nun ruhe wieder ein wenig, Meister!«

Das Vermächtnis

An meine Söhne

Zum Geleit: Ich sage euch wohl nichts Neues, wenn ich euch sage, daß ich soeben sagte, daß ich euch »nichts Neues« gesagt habe. Beachtet das bitte bei der Lektüre der folgenden Zeilen.

Seid immer anständig zu mir, vergeßt nie, daß ich euer Vater sein könnte.

Hütet euch vor Menschen, die euer Bestes wollen. Denn das ist und bleibt nun mal euer Bargeld.

Redet nicht schlecht von den Distelfinken. Denkt stets

daran, daß es ein Distelfink war, der seinerzeit – ach nein, das war ja gar kein Distelfink. Also, meinethalben, redet schlecht von den Distelfinken.

Ihr sollt nicht und es dann doch tun.

Seid gut zu den Armen. Wenn ihr die nicht hättet, würden euch die Rucksäcke dauernd runterfallen. Nur zum Beispiel.

Wo zum Weib ihr nicht die Tochter wagen würdet zu begehren, haltet euch zu wert, um gastlich in dem Hause zu verkehren. Es sei denn, ihr wollt bei der Mutter landen.

Laßt euch nicht durch Schmeicheleien verwirren. Seht: Der Schmeichler ist doch oft nur ein dummer Süßholzraspler, während ihr klug, wohlgestalt und hochgewachsen seid; ja, ihr seid schön, meine Söhne, schön seid ihr. (Schön doof, Anm. d. Vaters.)

Beim Essen gehören die Hände auf und nicht unter den Tisch. So kommt ihr schneller an die Pastetchen.

Seid nicht wie das Wasser im Wind, das sich da kräuselt, wenn es säuselt, seid lieber wie Vorstopper Schwarzenbeck: umsichtig, raumdeckend und ungeheuer spurtschnell.

Es gibt zwei Sorten von Menschen: solche, die vorn und solche, die hinten nicht mehr hochkommen. Es liegt an euch, zu welchen ihr dereinst gehören werdet!

Zum Ausklang: Wenn es stimmt – und es stimmt nicht –, daß die Sonne ein Pfannekuchen ist, dann sollte es einen eigentlich ein klein wenig mehr verwundern, wieso es im Sommer immer so schön warm ist.

Denkt auch darüber einmal nach!

Der Kommentar

Das Quadrat und die Frauen

DIE NACHRICHT:

```
epz 180 191280 apr 80 vvvg
Lrf 112 ab
dpa (rg)

wissenschaftler des instituts fuer grundlagenforschung
in muenchen haben in reihenversuchen mit weiblichen
testpersonen herausgefunden, dass frauen keine quadrate
zeichnen koennen. eine erklaerung fuer diese bisher
unbekannte tatsache ...

-------
```

DIE KOMMENTARE:

Frankfurter Rundschau

Frauen, hört man, können keine Quadrate zeichnen. Ja
und? Anstatt – wie es geschehen ist – schadenfroh auf die-
se Nachricht zu reagieren, sollten wir Männer uns doch
lieber fragen, wohin wir es mit unserer Fähigkeit, Qua-
drate zu zeichnen, eigentlich gebracht haben. Haben wir
diese uns allen anvertraute Erde in den Jahrtausenden, in
denen ihre Geschicke vom Patriarchat gelenkt wurden,
nicht an den Rand des Abgrunds geführt? Ist es nicht fünf
vor zwölf? Strotzt der Erdball nicht von den schrecklich-
sten Vernichtungswaffen, die ohne die, allerdings männ-
liche, Erfindung des Quadrats wohl kaum in dieser Per-
fektion hätten entwickelt werden können? Freilich – auch
ein Straßburger Münster, ein Dürer, eine Hochrenais-

48

sance, alles erwiesenermaßen »Männer«-Leistungen –
auch wenn diese Erkenntnis militanten Feministinnen
nicht schmecken mag – basieren auf dem Vermögen des
Mannes …

Pflasterstrand
Stadtzeitung für Frankfurt

… in unserer Männergruppe jedenfalls hat die Nachricht,
daß Frauen keine Quadrate zeichnen können, erst echt irri-
tierend gewirkt. Dann aber hat Werner den Vorschlag ge-
macht, wir alle sollten doch mal angstfrei unsere geometri-
sche Sozialisation einbringen, und da ist uns in sehr inten-
siven Gruppengesprächen klargeworden, wie sehr …

DIE ●WELT
UNABHÄNGIGE TAGESZEITUNG FÜR DEUTSCHLAND

Der Wunschglaube nicht nur der Neurotiker und Chaotiker
der linken Szene, sondern auch mancher sich »liberal« ge-
bender Kreise, man könne die natürlich gewachsenen Un-
terschiede zwischen den Geschlechtern so einfach leugnen,
hat durch die Wissenschaftler des ›Instituts für Grundla-
genforschung‹ eine nur auf den ersten Blick amüsante Rela-
tivierung erfahren. Denn hinter der überraschenden Fest-
stellung, daß Frauen keine Quadrate zeichnen können,
steckt mehr als eine nur marginale Korrektur jener Welt-
verbesserungsutopien, die in den späten 60er Jahren ihren
Ausgang nahmen und auf geradem Weg in den Terroris-
mus führten. Zuende gedacht, bedeutet sie nicht mehr und
nicht weniger als eine Bestätigung auch und gerade unserer

Wirtschaftsordnung. Sie, die sich von Beginn an mit wachem Instinkt weigerte, unsere Damenwelt dem fruchtlosen Konkurrenzkampf mit den Männern – zumal im gehobenen Management – auszuliefern, darf heute von sich behaupten, die Zeichen der Natur …

Brigitte
Das Magazin für Frauen

… lassen wir also den Männern ihre Quadrate, und schauen wir uns die Frühjahrsmode auf S. 144–155 an. Kein Zweifel: Die Mode wird wieder normaler. Was wir in diesem Heft zeigen, wird sicher allen Frauen Appetit machen, denen die Trends des letzten Jahres zu schwer im Magen lagen. Was BRIGITTE anläßlich …

Kompliment, meine Damen! Zwei Nachrichten. Zwei Welten.

Da haben Wissenschaftler herausbekommen, daß Frauen keine Quadrate zeichnen können. Typisch Mann.

Da hat Mutter Teresa den Friedensnobelpreis dafür bekommen, daß sie viele Jahre lang Inderkinder bemuttert hat. Typisch Frau.

Wir meinen: Forschung ist gut. Ohne Forschung kein Fortschritt. Liebe ist besser. Ohne Liebe kein Leben. Frauen kennen es noch, das Geheimnis, wie man Liebe gibt. Das ist wichtiger als alle Quadrate der Welt. Danke, Mutter Teresa!

»Na denn Prostata!« hatte sie anläßlich des Bundespresseballes noch im Kreise schwofender Chauvinisten gescherzt, doch zwei Stunden später kehrte die alberne Alice (35) wieder die schwierige Schwarzer (37) hervor: »Unfug!« Stein des Anstoßes: die ärgerliche Erkenntnis des Instituts für Grundlagenforschung‹, daß Frauen keine Quadrate zeichnen können. Ereiferte sich die hochgemute Herausgeberin des eher engstirnigen Emanzenblattes: »Können sie doch!«

Freilich dürfte es der schwadronierenden »Schwanz-ab«-Schwarzer diesmal schwerfallen, die Erkenntnisse des Instituts allein durch verbale Kraftakte zu widerlegen. Stützen sie sich doch auf Untersuchungsmethoden, die kratzbürstiger Krittelei wenig Handhabe liefern: Ein repräsentativer Querschnitt von drei Frauen wurde – unabhängig voneinander – in einen schalltoten, lichtlosen Raum geführt und …

DIE🖤ZEIT

… in das fruchtlose Lamento all jener einzustimmen, die da mit Erwin Morgennatz meinen, »daß nicht sein kann, was nicht sein darf«. Wäre es nicht sinnvoller, die Erkenntnis des ›Instituts für Grundlagenforschung‹ nicht als Cannae, sondern als Rubikon des Feminismus zu werten? Eines, mit Montesquieu zu reden, »wohlverstandenen« Feminismus, der über den »astra« nicht vergißt, wie viele »asperas« der Mann im Laufe leidvoller Jahrtausende zu durchqueren hatte, bis er schließlich Quadrate zeichnen konnte?

So viel zumindest scheint festzustehen: Eine Frauenbewegung, die, entgegen wissenschaftlich gesicherten Fakten, weiterhin dem Prinzip des schieren Voluntarismus huldigt, wird ihre Anhängerinnen früher oder später in ein Valmy hineinführen, das sich als äußerst zweischneidige Medaille entpuppen könnte. Zumal in einer Welt, in der nur Realitätstüchtigkeit und Augenmaß eine Gewähr dafür bieten, daß dem über uns schwebenden »Hi Roshima« nicht ein schreckliches »Hi salta« folgt, welches dann freilich die Unterschiede zwischen Männern und Frauen in einer Weise nivellieren dürfte, die auch hartgesottenen Suffragetten …

Der Brief

GROSSARTIGES KUNSTMAGAZIN ›ART‹,
»Keine Kunstzeitschrift informiert Sie umfassender und verständlicher über Kunst«, behauptest Du von Dir, und diese umfassende Information geht schon in Deinen Anzeigen los: »El Greco – Prophet der Neuen Malerei.« El Greco? Was'n das für ein Vogel? »Mehr als 360 Jahre nach seinem Tod widerfährt El Greco, einem in Spanien malenden Griechen, jetzt Gerechtigkeit« – tut sie das? Wie schön. Gemalt hat er? Was'n da? »Die bislang größte Greco-Ausstellung feiert den fast in Vergessenheit geratenen Künstler« – fast? Ganz! Wie hätte man denn auch jemals etwas von El Greco erfahren sollen – sieht man mal von den ca. 200 El-Greco-Monographien ab, die seit Beginn dieses Jahrhunderts erschienen sind, sowie davon, daß dieser Herr aber auch in keiner Kunstgeschichte und in keinem

größeren Museum fehlt –: »feiert den fast in Vergessenheit geratenen Künstler als« – als was denn? Als Schüler Tintorettos? Als Vertreter des Manierismus? Als Sonderfall der spanischen Malerei? Ach, was sind wir nun gespannt –: »als Vorläufer der Neuen Malerei des 20. Jahrhunderts.«

Na, da hat er ja wenigstens nicht umsonst gemalt, der alte Ekstatiker! Von niemandem bemerkt, ist er den Neuen Wilden vorangelaufen – geradewegs in die Arme von ›art‹. Welche Fänge werdet Ihr uns noch präsentieren? Kleiner Tip: Im alten Holland soll mal einer ebenfalls einen ganz schön heißen Pinsel geschwungen haben. Weinbrandt oder Remtemtem – jedenfalls auch jemand, den Ihr locker als fast vergessenen Vorläufer der Nagelneuen Malerei verbraten könnt.

Stellt schon mal die Pfanne heiß! Das rät Euch

Titanic

Das Tagebuch

Aus drei Brunnen-Heften (5. 12. 87 bis 13. 3. 88)

Pflegefall: Es gibt keine Verpflichtung der Volksgemeinschaft bzw. der Kulturnation, irgendetwas von dem aufzuheben, was aktuell an Kunst produziert wird, noch von dem, was sich da so in den letzten fünf Jahrzehnten angesammelt hat. Dann freilich beginnt eine gewisse Verantwortung: Was *so* alt geworden ist, sollte auch ein Gnadenbrot bekommen.

Peinlicher Moment, als Cs Bruder im Ecklokal auf mich zutrat, schwer entstellt und zum Sprechen unfähig durch mehrere Krebsoperationen, um sich dadurch für ein Hochzeitsgeschenk zu bedanken, daß er einen mit »Danke« beschrifteten Bierdeckel vor mich auf den Tisch legte. Da tat ich das falscheste und schrieb ihm, der doch hören konnte, »Bitte« darunter.

Zu spät: Als nach einer Lesung eine schöne Frau mir sagte, sie verstehe etwas von Intelligenz und meine sei herausragend, da erwiderte ich Verwirrtes und Undeutliches, anstatt die einzig denkbare wirklich intelligente Antwort zu geben: »Endlich lobt mal jemand meine Intelligenz und nicht immer nur meine Schönheit.«

Werke markieren in der Biographie eines Autors jene Momente, in welchen es ihm gelungen ist, sich mal wieder an den eigenen Haaren und mit eigener Hand aus dem Sumpf zu ziehen, richtiger: So viel festes und haltbares Material im Sumpf des Lebens zusammenzuraffen, daß er sich auf dem Zusammengetürmten für eine Weile ausruhen kann und sicher wähnen darf. Aber nicht lange! Er will ja weiter, ans rettende Ufer, also wird er den Ruhepunkt früher oder später verlassen, um weiterzuplanschen, weiterzuversinken, weiterzuraffen, weiterzubauen, weiterhinaufzukrabbeln, weiterauszuruhen, weiterzuziehen, weiterzuhoffen – und so fortan, bis er endlich begreift, was er insgeheim immer schon wußte: daß es gar keine rettende Küste gibt, daß Rettung immer nur punktuell möglich war, auf jenen nun immer weiter zurückliegenden Gebilden, die, je länger desto eindeutiger, wirklich zu einer Art von Küstenstrich zusammenrücken, nur daß der hinter dem Reisenden liegt, dort also, wohin kein Weg mehr zurückführt. Also alles vergebens? Keineswegs. Der aus dem Nichts aufgebrochen war, zieht zwar immer noch ins Nichts, wie vor dreißig Jahren, doch wenn er zurückschaut, ist da nicht mehr nichts. Und das ist immerhin schon etwas.

Gelesen in der U1 in F/M, mit Filzer auf den Kunststoffsitz der U-Bahn geschrieben: »Wozu Tierversuche? Es gibt doch Lehrer.«

W. auf die Frage, wie es denn so sei als 50jähriger: »Ich fühle mich überhaupt nicht so. Nicht als 50jähriger jedenfalls. Anders.«
   »Jünger?«
   »Ja, sicher.«
   Es liegt wohl in der Natur der Sache, daß man sich desto jünger fühlt, je älter man wird. Vom Burschi zum Bubi – und wenn dann schließlich Freund Hein seine Sanduhr schwingt, ruft man entgeistert: »Jetzt holen sie schon die Kinder!«

Das mag, mein Freund, ein schlechtes Gedicht sein. Doch ist, mein Freund, Sein besser als Nichtsein – Oder etwa nicht?

Ich werde prinzipiell nicht grundsätzlich.

Ein Mann beim Sex-Berater wg. Impotenz. Der Arzt beruhigt ihn: Daß das häufig vorkomme. Daß Sex nicht gleich Beischlaf sei. Daß Frauen nicht nur durch den erigierten Penis zu befriedigen seien. Daß Zärtlichkeit viel wichtiger sei etc.

Zum Schluß hat er den Patienten wieder aufgerichtet, und zum Abschied haut er ihm auf die Schulter: Kopf hoch, alter Junge, jetzt ziehen Sie mal die Tante durch, daß die Heide weint, und dann läuft der Laden wieder!

Sie: Wenn du nicht mit mir schlafen willst – was willst du denn dann von mir?

Er: Das ist jetzt aber ein sehr reduziertes Bild der Frau, das du da entwirfst!

Giacometti in Stuttgart: Die dürren Giacometti-Frauen und die drallen Schwäbinnen, alle jung, straff und putzmunter – das Leben geht weiter, als es Giacomettis Kunst eigentlich erlaubt. Aber auch: Schön, daß solch eine reduzierte Kunst so viel pralles Leben heranzulocken vermag. Erfreut siehts der Schwerenöter, der hier alles auf einen Blick serviert bekommt: die ewigen Frauen und die vergänglichen, die Bronze und das Fleisch, die ausgezehrten Idole und ihre rundlichen Verehrerinnen.

Der penetrante Fan (nach einer Lesung in Ludwigsburg):
– Du bischt für mi der Gröschte ... I duz di einfach ... Trinket mir no oi Alt ... Die Kreativität fängt da o, wo d' Eifälle aufhöre ... I bin bsoffe ... I trink seit Eins ... Seit Eins ...
– Wieso trinkst du denn seit Eins?
– Weil i bis Eins gschlofe hob!

Ausstellung meiner Karikaturen in der Parlamentarischen Gesellschaft zu Bonn. Garbe berichtet mir, ein ihm bekannter Anästhesist erzähle den Patienten vor oder während der Anästhesie zur Beruhigung Gedichte aus meiner Feder, einem habe er das Gedicht »Der Hinz, der spricht zum Kunz« vorgetragen. Der Patient sei ohne jedes Lächeln eingeschlafen, habe jedoch beim Aufwachen, etwa eine dreiviertel Stunde später, lange und heftig gelacht.

Der Gute redet stets über sein Gutsein. Seit zwei Jahren bin ich clean, sagt der Ex-Raucher stolz. Der Schlechte schweigt, da ihn sein Schlechtsein bereits ausreichend belohnt.

Niemand sagt: Jetzt ist es schon zwei Jahre her, daß ich trinke. Jeder erklärt unaufgefordert, er trinke seit x Jahren keinen Tropfen mehr. Worin liegt eigentlich der Wert, etwas nicht zu tun?

> Was mich tröstet? Die Musik
> dieser Welt von Bach bis Griegk.
> Sie versöhnt mich mit dem Krach
> der Musik von Griegk bis Bach.

Sensibilisierung durch Kunst, in diesem Fall Beuys. Er ist jener Künstler, der mich darauf aufmerksam gemacht hat, daß überall was rumliegt. Ohne ihn hätte ich das da weder bemerkt noch für bemerkenswert gehalten: Auf dem Bürgersteig der Neuhausstraße fällt mir ein Stück Hundescheiße auf, an dem, angeklebt, eine zarte, aufrecht stehende Taubenfeder im milden Wind mehr zittert denn flattert.

Ein Gedicht von H. Kohl:

> Vorm Eßtich da dacht ich
> Was gibts wohl zum Nachtich?

III Erzählen

Das Rätsel

Diesmal gilt es eine einfache Dreisatzaufgabe zu lösen:
Wenn REDEN Quecksilber ist, was ist dann SCHWEIGEN?
Na? Naaa ...?

Quecksilber natürlich. Und versuchen Sie bitte nicht, diese Lösung anzuzweifeln. Das hat nämlich überhaupt keinen Queck.

Die Fibel

Kinder – mal herhören!

Vorschläge für ein zeitgemäßes Lesebuch der zweiten Klasse

WEIHNACHTEN
ICH BIN ERIKA.
JETZT KOMMT WEIHNACHTEN.
ICH SCHENKE VATI EIN TISCHFEUERZEUG ZU 22,50 DM.
VATI SCHENKT MICHAEL TENNISSCHLÄGER ZU 22 DM.
MICHAEL SCHENKT MUTTI EINE SCHÄLMASCHINE ZU 19,70 DM.
MUTTI SCHENKT MIR SCHALLPLATTEN IM WERT VON 18 DM.
4,50 DM MUSS ICH NOCH BEKOMMEN.
VON WEM?
ICH BIN SO GESPANNT AUF WEIHNACHTEN.

RATENZAHLUNG

HÖRT MAL ZU, KINDER. ICH BIN KARLCHEN.

DIETER HAT MIR SEIN SCHWESTERCHEN VERKAUFT.

ICH ZAHLE ES IN MONATSRATEN ZU 20 PFENNIG AB.

WENN ICH 25 BIN, GEHÖRT MIR DIETERS SCHWESTER-
CHEN.

DANN WERDE ICH ES HEIRATEN ODER GEBRAUCHT
WEITERVERKAUFEN.

AUSSERDEM STOTTERE ICH EINEN FUSSBALL, EINEN
ROLLER UND EINEN DAUERLUTSCHER AB.

MANCHMAL GEHE ICH SORGENVOLL ZU BETT.

ABER VATI HAT ES BIS JETZT AUCH IMMER GESCHAFFT.

GASTARBEITER

MICHAEL UND ICH GEHEN ZUM BAHNHOF.

IN DER HALLE SIND VIELE MÄNNER.

SIE REDEN UND SINGEN.

MICHAEL UND ICH VERSTEHEN KEIN WORT.

VATI SAGT, DASS DAS DIE ITALIENER SIND.

ER SAGT, DASS SIE FAUL, KLEIN UND DRECKIG SIND.

MUTTI SAGT, DASS SIE AUFDRINGLICH SIND.

SEIT ZWEI WOCHEN IST EIN ITALIENER BEI VATI IN DER
FIRMA.

ER IST SAUBER, FLEISSIG UND AUS SPANIEN.

MUTTI IST DREIMAL AM BAHNHOF GEWESEN.

NIEMAND HAT SIE BELÄSTIGT.

JETZT SIND VATI UND MUTTI SAUER.

SIE SAGEN: »DAS IST TYPISCH FÜR DIE ITALIENER. SIE
VERSTELLEN SICH ALLE.«

(1962)

Der Witz

Neue Ostfriesenwitze

Woran erkennt man bei einer Trauung in Ostfriesland die Braut?
An ihrem weißen Schleier.

Warum haben viele Ostfriesen eine Mütze auf?
Um den Kopf zu wärmen.

Was sagt ein Ostfriese, wenn er einem anderen Ostfriesen begegnet?
Moin, moin.

Warum gibt es in Ostfriesland so viele Möwen?
Weil Ostfriesland am Meer liegt.

Die Fabel

Der Uhu und der Hase

Ein alter Uhu trat eines Tages vor den Hasen hin und sagte: »Ich glaube zuversichtlich, schneller als du laufen zu können. Daher bitte ich dich, deine Kräfte mit den meinen zu messen!« Der Hase nahm die Herausforderung an, und an einem vereinbarten Tage fanden sich beide im Gottfried-Hammer-Stadion ein, dessen Ränge schon dicht besetzt waren.

Der Uhu, der in sehr guter Form antrat, ging sogleich nach dem Startschuß in Führung, er hielt den ersten Platz auch während der drei angesetzten Runden, doch in der Zielgeraden holte der Hase auf, Brust an Brust zerrissen beide das Zielband, und erst das Zielfoto klärte einwandfrei, daß der Hase den Lauf gewonnen hatte.

Der Uhu nahm das Ergebnis jedoch in sehr unsportlicher Haltung auf. Er bezichtigte die Jury der Schiebung, trat dem Hasen gegen das Bein und beschimpfte Meister Grimbart, einen der Schiedsrichter, als alten Frechdachs. Auf Grund dieser Vorfälle schloß ihn der Verband aus und erteilte ihm überdies ein zweijähriges Startverbot.

Moral: Suche das Unrecht nicht bei anderen, wenn du es auch bei dir selbst finden kannst.

Denn: Was ein alter Uhu ist, muß sich damit abfinden, nicht mehr zu den jüngsten zu zählen.

Und: Wer es mit den Hasen aufnehmen will, muß sich eben sputen.

Die Legende

Wer schon einmal in London war, kennt sie sicher, die Victoria-Station, jenes längliche Bauwerk, das sich wie ein steinerner Zeuge mitten in der Millionenstadt erhebt. Aber wer weiß schon, wieso es gebaut wurde?

Nun, einst hatte sich die Queen Victoria bei der Jagd verirrt, immer verzweifelter wurde ihre Lage, und schließlich brach sie mitten im Walde zusammen, die nackte Furcht in den Augen, ein Stoßgebet auf den Lippen, doch da teilte sich plötzlich das Gesträuch und ein Hirsch trat heraus, ein Hirsch, der ein Geweih auf dem Kreuz oder ein Kreuz zwischen dem Geweih trug, da gehen die Meinungen auseinander, verbürgt jedoch ist, daß der Hirsch eine segnende Bewegung mit der Hinterhand machte und also zur Königin sprach: »Habe keine Angst! Denn du wirst in Bälde errettet werden!«

Da aber sank die Königin in die Knie und gelobte, an dieser Stelle einen Bahnhof zu errichten.

Die Anekdote

Erwin Ullstein

Erwin Ullstein, der bekannte Verleger, war zugleich ein begeisterter und gefürchteter Hobby-Zyniker. Doch hin und wieder fand auch er seinen Meister. So, als er einmal an Tucholsky ein Telegramm kabelte, das aus dem lakonischen Satz bestand »Zahle Honorar rar«.

»Liefere Beiträge träge«, kabelte Tucholsky ungerührt zurück, und diese glänzende, von Ullstein mit einer Honoraraufbesserung belohnte Replik machte bald die Runde durch die Berliner Literatencafés, wo sie auch Hannes Heber zu Ohren kam, der gleichfalls mit den Ullsteinschen Honoraren unzufrieden war und daher spornstreichs in die nächste Post eilte, wo er das an den Verleger gerichtete Telegramm »Schreibe Artikel ikel« aufgab, ein Schritt, der jedoch nicht den beabsichtigten Erfolg hatte, sondern vielmehr dazu führte – aber liest überhaupt noch jemand zu? Na gut, hör' ich halt ab.

Das Märchen

Die Waldfee und der Werbemann

Es war einmal ein Werbemann, der hatte seiner Agentur viele Jahre lang nach besten Kräften gedient. Da begab es sich, daß die Agentur den riesigen Etat für ein neues Produkt an Land zog. Dieses Produkt aber hieß »Meyers Pampe«, und das war eine Pampe, die einen echten Produktvorteil besaß, da sie alle anderen Pampen an Klebrigkeit, Sämigkeit und Pampigkeit weit übertraf. Und weil das so war, sollte sie auch mit einem Slogan beworben werden, wie er eingängiger und treffender noch nicht erdacht worden war. Diese Aufgabe nun fiel unserem Werbemann zu, doch wie er sich auch anstrengte, alles, was ihm einfiel, war der Spruch »Meyers Pampe ist die beste«. Diesen Vorschlag hatte er auch beim Kreativdirektor eingereicht, doch wie er des Abends Überstunden machte, da hörte er, wie der Kreativdirektor dem Agenturchef auf dem Flur sagte: »So geht es nicht weiter mit unserem Werbemann. Er ist alt und zahnlos geworden. Das beste ist, wenn wir ihn so bald wie möglich schlachten.«

Da krampfte sich das Herz des Werbemannes zusammen, und er dachte bei sich: »Bevor es so weit kommt, da will ich lieber in die Fremde ziehen.« Und noch in derselben Nacht schnürte er sein Bündel und wanderte zur Stadt hinaus.

Bald gelangte er in einen tiefen Wald, wo er sich ermattet ins Gras sinken ließ. »Ach«, dachte er glücklich, »wie schön ist es doch hier im Wald. Hier will ich mein Leben beschließen. Was brauch ich denn? Wasser gibt's hier im

Überfluß, Pilzchen und Würzelchen ebenfalls. Und Ruhe! Wenn ich dagegen an die Hetze in der Agentur denke!« Und unter solchen Gedanken schlief er ein.

Am folgenden Morgen tat er sich zunächst am Quell gütlich, dann verspeiste er einige Wildkirschen, die ihm köstlich mundeten, und schließlich streckte er sich auf der Wiese aus und ließ sich die Sonne recht ordentlich auf den Pelz brennen. Als er so eine Weile gelegen hatte, da sah er einen Hasen über die Wiese hoppeln, und unwillkürlich ging ihm das folgende Verslein durch den Kopf: »Selbst der braune Meister Lampe greift erfreut nach Meyers Pampe.«

Das aber ärgerte ihn, und so verscheuchte er jeglichen Gedanken an Meyers Pampe aus dem Kopf und konzentrierte sich auf ein allerliebstes Meisenpaar, das auf dem Ast einer Buche turtelte. Doch auch bei diesem Anblick ging es ihm nicht besser. »Die Meise ruft es vom Geäste: Meyers Pampe ist die beste!« reimte er wider Willen. Das ärgerte ihn noch mehr und laut rief er aus: »Ach Scheiße, was geht mich denn jetzt noch diese Pampe an!« Doch schon im selben Moment schoß ihm wieder ein Verslein durch den Kopf: »Ach Scheiße, ruft der Werbemann, nichts reicht an Meyers Pampe ran« – und so ging es ihm mit jedem Ding, das er betrachtete und bedachte, bis es ihn nicht länger hielt. »Was habe ich hier im Wald verloren?« dachte er bei sich. »Ein kreatives Talent wie ich gehört nun mal in eine Agentur!« Und er begann so schnell wie möglich in die Stadt zurückzuwandern.

Da geschah es, daß ihm am Waldrand eine Fee begegnete.

»Guten Tag, lieber Werbemann«, sagte die Fee. »Ich weiß, daß du ein unschuldiges Gemüt hast, und deswegen sollst du jetzt drei Wünsche frei ha –«

Doch der Werbemann war so in Gedanken versunken, daß er gar nicht auf das hörte, was die Fee sagte, ja, er unterbrach sie sogar und rief ihr zu: »Du tust mir in der Seele weh, weil ich dich ohne Meyers Pampe seh!« Und mit diesen Worten ließ er die verdutzte Fee stehen und eilte in die Agentur zurück, wo er dem Kreativdirektor sogleich stolz seine neuen Slogans unterbreitete.

Diese Vorschläge freilich stießen auf eine derartige Ablehnung seitens der Geschäftsleitung, daß der Werbemann noch am selben Nachmittag geschlachtet wurde.

Die Fee aber nahm sich seine Worte so sehr zu Herzen, daß sie fortan nur noch Meyers Pampe benutzte. Und da sie der erste Versuch sehr zufriedenstellte, benutzt sie sie wohl noch heute.

Die Kurzgeschichte

Arabien

Achmed, ein Kaufmann aus Bagdad, hatte sich kaum im Hafen von Dschidda eingeschifft, als sein mit kostbaren Tuchen beladenes Schiff in einen furchtbaren Sturm geriet und mit Mann und Maus unterging. Er allein konnte sich auf einem Delphin retten, doch auch das hätte ihm nicht viel genützt, wenn nicht ein Greif beide gepackt und in sein Nest getragen hätte. Von dort floh der Kaufmann, indem er aus den Flügeln der jungen Greifen einen Flugapparat baute, gelangte in ein unermeßlich reiches Land, in dem die Menschen auf dem Kopf gingen, und wurde dort Ratgeber des Königs.

Die Sehnsucht nach seiner Heimat ließ ihn erneut flüchten, Menschenfresser fingen ihn, er entkam mit Hilfe der Tochter des Häuptlings, erreichte das ferne China, fand dort den geheimen Zugang zum Goldland und kehrte nach vielen Jahren zehnmal so reich nach Bagdad zurück, wie er ausgezogen war.

Der erste, den er dort traf, war ein alter Freund. »Hallo, Achmed«, rief dieser, »dich hat man aber schon eine Ewigkeit nicht mehr gesehen. Wie ist es dir denn in der Zwischenzeit ergangen?«

»Ich kann nicht klagen«, antwortete Achmed. »Und was hat sich hier getan?«

»Allerhand, mein Lieber«, sagte der Freund, »Said zum Beispiel hat den Teppichhandel aufgegeben und ist jetzt bei Fajoud in Medina angestellt.«

»Unglaublich«, unterbrach ihn Achmed.

»Und der alte Ibn Mir hat seine zweite Frau verstoßen und die Tochter des Wasserträgers geheiratet!«

»Na ist denn das zu fassen. Die Tochter des Wasserträgers!«

»Ja«, sagte der Freund, »sie ist allerdings eine Schönheit. Und der kleine Ben Zwi ist zum zweiten Male Vater geworden.«

»Der kleine Ben Zwi«, rief Achmed aus, »ja ist denn das die Möglichkeit! Erzähle mir mehr!«

Und da sie an diesem Tage nicht fertig wurden, lud Achmed seinen Freund in seinen Palast ein, wo ihm dieser 40 mal 40 Tage Bericht erstattete. Reich beschenkt machte er sich schließlich daran aufzubrechen, als er auf der Treppe noch einmal stehen blieb.

»Um das noch kurz zu erzählen, der alte Mouludji hat

sich mit Harun verkracht.« »Das höre ich ja das erste Mal«, schrie Achmed, »das mußt du mir aber genauer erzählen.«

Und so blieben sie weitere 40 Tage und Nächte beisammen, denn, wie schon der Koran sagt, von drei Dingen kann der Mann nicht genug bekommen: von Frauen, von Kus-Kus und von guten und lehrreichen Geschichten.

Die Lesung

Ich lese aus einem Manuskript, das ich bisher noch nicht veröffentlicht habe. Es trägt den Arbeitstitel »Aktien«. Die Situation ist folgende: Gustav ist aus den 60er Wirren mit einem verletzten Bein in seine Heimatstadt zurückgekehrt. Dort hat er nach seinem Vaterhaus gesucht und es schließlich gefunden. Es liegt in Trümmern. Während er schweigend durch die Überreste wandert, trifft er eine Frau, die er anfangs für seine Mutter hält. Sie ist es auch, aber auf eine sehr verwickelte Weise – ich kann das hier alles nur andeuten – ist sie zugleich seine vor Jahren verstorbene Geliebte und sein Gewissen. Sie veranlaßt Gustav, auf reichlich krummen Wegen die Aktienmehrheit der Brauerei der Heimatstadt zu erwerben.

Gustav erreicht dieses Ziel, indem er den Bürgermeister vielfacher Umtriebe anklagt, seine Versetzung bewirkt und sich selbst zum neuen Bürgermeister ausrufen läßt. Dadurch gelangt er automatisch in den Vorstand der Brauerei und befiehlt, daß ihm ein Aktienpaket überreicht wird. Unterdessen ist sein Vater ebenfalls aus den Wirren zurückgekehrt. Als Türke verkleidet – es würde im Moment zu weit führen, zu erklären, wieso er gerade diese Verkleidung gewählt hat –, deckt er den Schwindel seines Sohnes auf, doch er schweigt.

Eines Abends jedoch sucht ihn der Pastor auf, der gesehen hat, wie Gustav die Aktien beiseite schaffte, und stellt ihn zur Rede.

Die folgende Passage nun beschreibt ihre Begegnung:

»Der Pastor kam schnell herbei und der Türke« – Gustavs Vater also – »brauchte seine ganze Selbstbeherrschung, um nicht laut herauszuschreien: Bleib, wo du bist!«

Darauf folgt eine längere Beschreibung, die das Näherkommen des Pastors zum Inhalt hat, und dann sagt der Türke: »So eilig?«

Darauf sagt der Pastor, daß er etwas über den Bürgermeister wisse.

Mittlerweile ist Gustav immer mehr unter den Einfluß der Frau geraten, die ihm nun erzählt, daß der Pastor zum Türken gegangen sei, um ihm Schwierigkeiten zu machen.

In seiner Verwirrung läßt Gustav, der Bürgermeister also, den Staatsstreich ausrufen, er setzt den Pastor ab und erklärt den Türken zum offiziellen Gegenpapst. Er befindet sich nun auf dem Höhepunkt seiner Macht und heiratet seine Mutter.

Die folgenden Sätze geben die Gedanken seines Vaters wieder:

»So etwas dürfte es eigentlich nicht geben ... Doch vielleicht trage auch ich Schuld an dieser Entwicklung ... Ich war Gustav gegenüber oft zu weich, dann wieder zu hart, und nun ist es passiert.«

Doch Gustav und seine Mutter erkennen bald, daß sie nicht zueinander passen. Sie trennen sich nach einer längeren Aussprache, die das geplante Werk vorerst beendet:

»Wenn ich neben dir saß, war mir immer so, als säße ich neben einer anderen‹, sagte Gustav und vermied es, seine Mutter anzuschauen.

›Wir hätten uns halten sollen‹, entgegnete sie, ›wir hatten nicht die Kraft dazu.‹

›Leb wohl.‹

›Leb wohl.‹«

Ein folgender Band soll den Aufstieg Gustavs zu einem der bedeutendsten Männer seiner Zeit schildern, ein dritter seine Kanonisierung. Ich danke Ihnen für Ihre Aufmerksamkeit.

Die Fallstudie

Der Fall Binder

Schauplatz: eine Knäckebrotmine in Schleswig-Holstein. Eine kleine Mannschaft arbeitet dort, die dem harten Schoß der Mutter Erde Tag für Tag den begehrten Knäcke abgewinnt: Herbert, Paul, Jupp und Georg. Vier Herzen, die anscheinend nur einen Gedanken kennen: KNÄCKE! Doch der Eindruck täuscht. Denn in Wirklichkeit sind sie nur hinter einem her. Genauer gesagt: hinter einer, Frl. Binder von der Lohnbuchhaltung. Eine Frau, wie sie im Buch steht, und zwar in … na … die ›Buddenbrooks‹ waren es jedenfalls nicht. Egal. Ein Teufelsweib, dieses Frl. Binder. Allen vieren hat es den Kopf verdreht, alle vier haben nur einen Wunsch, wenn sie auf der 800-Meter-Sohle in den steinharten Knäcke hacken: Fräu – lein – Bin – der, Fräu – lein – Bin – der! So kann es nicht weitergehen. Wie aber dann? Unerwartet. Ein junger, gutaussehender Lohnbuchhalter wird eingestellt, Schultern wie ein Abschleppseil, Hüften wie die B 42. Und intelligent! Ein so schwieriges Wort wie »Rilke« kann er mit geschlossenen Augen rückwärts buchstabieren. Dabei eine Seele von Mensch. Keiner Fliege kann er etwas zuleide tun. Doch das Frl. Binder ist keine Fliege. So kommt es, wie es kommen muß: Eines Abends, als Herbert, Paul, Jupp und Georg an der Lohnbuchhaltung vorbeischlendern, sehen sie, wie in dem hell erleuchteten Büroraum der Lohnbuchhalter in die Lohnbuchhalterin eindringt. Und da reift in ihnen ein teuflischer Plan. Sie locken den Lohnbuchhalter unter einem nichtigen Vorwand aus der Lohnbuchhalterin, das dauert zwar seine Zeit, aber schließlich kommt er raus, etwas weich in den Knien, ist ja verständlich – und wenn jemand dafür Verständnis hatte, dann Herbert, Paul, Jupp und Georg (d. h. Jupp verstand es erst drei Jahre später auf dem Sterbebett, und das wiederum versteht nur der ganz, der sich jemals mit Frl. Susi Sterbe, ja, der kleinen, drallen aus Berlin-Britz, eingelassen hat – aber worum ging es denn überhaupt?) – der Lohnbuchhalter kommt also raus, fährt sich verlegen durch die Schamhaare und fragt: »Ist was?«

Die vier schweigen verdutzt. Alles hatten sie erwartet, nur nicht diese Frage. »Was soll schon sein?« brummt Herbert schließlich. »Nicht daß ich wüßte«, druckst Paul. »Wie kommen Sie denn darauf?« meint Jupp, und Georg zischt, daß er »diese Fragerei, diese überfallartige« satt habe, was ihn beträfe, er werde jetzt noch im »Solber-Eck« einen sicherstellen. Die anderen schließen sich ihm an, und beim 15. Klaren erwachen ihre Lebensgeister wieder: Nach kurzer Beratung zogen sie los, kauften sich gefälschte Fahrkarten, färbten sich die Schuhe, rasierten die Waden und fuhren, auf diese Weise unkenntlich gemacht, schnurstracks in die große Stadt Berlin und zündeten dort den Funkturm an.

Die Fliegergeschichte

Abschuß Nr. 62

»Die Engländer kommen!« hatte Brummel geschrieen, und der Geschwaderkommandant hatte nach oben geschaut.

»Sopwith-Camel«, hatte er lakonisch gesagt. »Mindestens 700 Stück ...« Und dann waren sie zu den startklaren Maschinen gerannt: Möbitz, Köhlemann und Winter. Drei gegen 700, aber es mußte sein. War ja 1. Weltkrieg.

Möbitz kam als erster hoch, jagte seine Focker D 7 dem brummenden Schwarm entgegen. Wie schwarze Rucksäcke sahen sie jetzt aus, doch Möbitz wußte, daß er noch näher rankommen mußte. Zog seine Maschine in einem steilen Turn nach rechts und war endlich über ihnen. Kam nun direkt aus der Sonne auf sie runter und hielt auf die Leitmaschine zu. Und jetzt erst roch der englische Pilot den Braten, versuchte wegzutauchen, doch Möbitz' MG hatte schon zu reden begonnen. Und da drehte sich der Tommy um ... Das durfte doch nicht wahr sein! Dieses Gesicht kannte Möbitz doch! Diese feinen, grauen Augen, diesen schmalen, sinnenden Mund ... »Mutter!« schrie er, doch die Sopwith-Camel schmierte schon ab, trudelte immer weiter runter und zerbarst tief unten als kaum erkennbarer roter Punkt.

Zehn Minuten später ist der Spuk vorbei. »Habe gesehen, wie Sie die Sopwith runtergeholt haben«, sagt der Geschwaderkommandant im Vorbeigehen, »dolle Sache das!« Doch Möbitz' Gedanken sind woanders ... Sollte er wirklich ...?

Und rasch kommt die schreckliche Gewißheit. Sein Adjutant bringt ihm die Papiere, die man in der zerstörten Sopwith gefunden hat. Sie sind auf Magda Möbitz ausgestellt. Magda Möbitz ... Und ein Brief war da noch gewesen, angefangen, aber nicht zuende geschrieben: »Lieber Dieter, krieg keinen Schreck, ich fliege jetzt für die Engländer. Wir sind hier ein sehr netter Haufen, und ich habe bereits viel Spaß an der Kampffliegerei gefunden. Mein Junge, trägst Du auch die Wollsocken regelmäßig, die ich Dir ...«

»Scheißkrieg«, denkt Möbitz, doch dann schluckt er die Tränen herunter. »Sie oder ich!«

Und eine Viertelstunde später steigt er schon wieder auf. Dem 63sten Abschuß entgegen ...

Die Reiseerzählung

Durch Bella Italia mit der – – Nuckelpinne

»Na, Alte, was hältst du von einer Spritztour durch Bella Italia?«

Dieser Ruf erschallte eines schönen Frühlingsmorgens durch das schmucke Schwarzwaldhäuschen, als dessen Besitzer jeder in Kniedorf Gerhard Wohlgemut benannt hätte.

Und kein anderer hatte auch diese Worte geäußert, die nun eine von ihm zweifellos beabsichtigte Wirkung zeitigten. Denn hast du nicht gesehen, öffnete sich die Küchentür, und die so summarisch als »Alte« angeredete – in Wirklichkeit eine prächtige Frau von etwa 35 Jahren – trat auf den Flur.

Marie, so war ihr Name im Paß vermerkt, und als Nachnamen konnte man dort einen Namen lesen, der uns nun schon vertraut ist, den Namen Wohlgemut.

»Gerhard, ist das dein Ernst?«

»Klar. Schau mal, was da draußen steht.«

»Ein Auto! Wie kommt denn das hierher?«

»Von selbst bestimmt nicht!«

»Du hast es gekauft?!«

In Maries Stimme lag ein Jauchzen.

»Hat es schon einen Namen?«

»Klar«, brummte Gerhard und zwinkerte verräterisch mit den Augen. »Nuckelpinne.«

»Nuckelpinne, wie hübsch. Und wann soll's losgehen?«

»Wenn du willst, sofort.«

»Ach Gerhard, wie herrlich!«

Zwei Stunden, nachdem dieses Gespräch stattgefunden hatte, lag das Reisegepäck wohlverstaut im Kofferraum, und auf den beiden vorderen Plätzen befanden sich die beiden Personen, die wir nun schon kennen und die sicher nichts dagegen haben werden, wenn wir sie ab jetzt ganz einfach mit ihren Vornamen anreden.

Hinter dem Steuer saß – wie könnte es anders sein – der stolze Besitzer Gerhard. Neben ihm hockte Frau Marie und strahlte aus allen Knopflöchern. Und ab ging's.

Zuerst mit Karacho durch das verschlafene Schwarzwaldstädtchen, dessen Bewohner nicht schlecht staunten, als sie das seltsame Gefährt daherrauschen sahen.

»Na Alte, was sagst du zu unserer Nuckelpinne? Unser fahrbarer Untersatz hat einen ganz schönen Zack drauf – wie?«

»Fahr nicht so schnell, Gerhard.«

Unter solchen Gesprächen verging die Zeit bis Trient.

»Trento«, stellte Gerhard fest. »Trient ist wohl zu schwer für die Spaghettifresser. Na, hier werden wir, schätze ich, mal ausgiebig an der Matratze horchen. Schau mal links der Campanile. Also bauen können sie!«

Ein Hotel zu einem annehmbaren Preis war schnell gefunden, der Wirt geleitete die Gäste persönlich in das Zimmer, wo Gerhards Interesse rasch von dem Doppelbett gefesselt wurde. Vor den Augen des erstaunten Wirtes ließ er sich auf die Bettstatt plumpsen und stand mit verdüsterter Miene wieder auf.

»Das quietscht ja. Das Bett – il letto, capisci?«

Der Wirt zuckte mit den Achseln, offenbar gingen diese Worte nicht in seinen braunen Schädel.

»Das quietscht. Fa quietschi, quietschi. Niente capito? Kommen Sie mal. Horchen Sie mal. Hier. Macht quietsch, quietsch. Il letto quietsche. Claro?«

Nun wollte der Wirt unter Zuhilfenahme aller Extremitäten irgendwelche Beschwichtigungsversuche vorbringen, doch Gerhard stoppte seinen Redeschwall. »Für das Geld, was das hier kostet, kann man auch ein Bett erwarten, das einen ruhigen Schlaf garantiert. Garantia – capito? Bene schlafen. Voglio bene schlafen senza quietsch, quietsch. Ich zehn Stunden im Auto, sempre wrumm, wrumm, nun ich müde. Ich schlafen. Ohne quietsch, quietsch. Va bene?«

Doch unser armer Italiano schien nichts zu begreifen. Dann schließlich ging ein Leuchten über sein Gesicht, und er verschwand eilig auf dem Flur, freilich nur, um zwei weitere Kissen hereinzutragen.

Am nächsten Morgen, nach so, so verbrachter Nacht, gab dieser Vorfall unseren beiden Helden noch Anlaß zu einem scherzhaften Wortwechsel.

»Irgend jemand mußte es dem Wirt ja einmal sagen.«

»Du hast dich absolut richtig verhalten, Gerhard.«

Hinter Trient veränderte sich die Landschaft ziemlich rasch.

»Weniger Hügel, mehr Flachland, das muß ich mir merken«, sagte Gerhard, während der Marie fast die Augen aus dem Kopf fielen.

»Guck mal, da geht wieder so ein Mann mit einem Korb unter dem Arm.«

»Ging da schon mal einer?«

»Ja, vorhin. Hast du ihn nicht gesehen?«

»Nein, ich war zu sehr von dem Säulengang gefesselt.«

»Den hab ich nun wieder nicht gesehen.«

»Solltest du aber. Anstatt Männern nachzuschauen.«

»Gerhard, du weißt doch, wie es gemeint war!«

»Klar. Sollte auch nur ein Scherz sein.«

Bis Florenz ging alles gut. Dann tauchte in der Ferne die Domkuppel auf.

»Scheint il duomo zu sein«, bemerkte Gerhard mit Kennerblick. »Brunelleschis Meisterwerk. Roter, als ich dachte.«

Marie war ganz Ohr, als sich die Nuckelpinne ihren Weg durch das Verkehrschaos der Stadt am Arno bahnte und Gerhard seine Erläuterungen abgab.

»Jetzt muß gleich der Palazzo Vecchio kommen. Da hat früher der Stadtrat getagt. Was war denn das da links?«

Der erste Vormittag gehörte ganz und gar den Uffizien. Die Meisterwerke der Malerei wurden ausgiebig begutachtet, und dann war eine kleine Stärkung fällig.

»Voglio un poco mangiare«, bedeutete Gerhard dem dienstbaren Geist der Trattoria, der bald, mit einer Speisekarte bewaffnet, wiederauftauchte.

»Na, was gibt's denn hier Gutes?« mit diesen Worten vertiefte er sich in la carta. »Also da kenn sich einer aus. Alles so ein Brutta con Tutta und Cotschelone alla Panna-Zeug. Was nimmst du? Ich nehme Spaghetti.«

Da wollte Marie nicht nachstehen. »Was ist denn das hier?«

Der Kellner klaubte seine zugestandenermaßen etwas armseligen Deutschkenntnisse zusammen und erklärte:

»Eine schöne Fleisch von Huhn mit Reis.«

»Eine schöne Fleisch – der gefällt mir!« sprang Gerhard hilfreich ein. »Der meint wahrscheinlich schönes Hühnerfleisch. Würde ich nehmen. Und dazu« – nun wieder zum Kellner gewandt – »und dazu eine Fanta. Habt ihr nicht? Dann vino rosso.«

Ziemlich belämmert zog der cameriere ab, doch nach stattgehabter Atzung waren die beiden Reisenden wieder ganz obenauf und schauten sich Santa Croce an.

»Komm mal hier rüber, so siehst du die Giottos am besten.«

»Ja, jetzt sehe ich sie auch.«

»Ganz schön schmissig, was?«

Der Toskana waren zwei weitere Tage gewidmet.

»O sole mio«, mit diesen Worten steuerte Gerhard die wackere Nuckelpinne weiter südwärts. Eines Tages wachten unsere Reisenden in Amalfi auf, und Gerhard plierte mißtrauisch durch die Jalousie. »Niente sole«, stellte er ärgerlich fest. Dazu kam, daß die Pinunzen langsam knapp wurden.

»Aber Rom war doch schön.«

»Da schien auch noch die Sonne.«

»Das stimmt.«

»Na, juckeln wir mal gemächlich die Küstenstraße runter. Die Sonne wird schon wieder scheinen.«

In der Tat, bald lugte sie wieder hinter den Wolken hervor, und schnell stieg das Stimmungsbarometer unserer beiden Italienfahrer wieder auf Markierung »Prima«.

Vor einer Kurve trat Gerhard plötzlich auf die Bremse und lenkte die Nuckelpinne auf einen Rastplatz. »Mal ein bißchen lucki, lucki machen«, erklärte er seiner besseren Hälfte und schaute die Steilküste runter. Mit einem italienischen Herrn, der dasselbe tat, kam er ins Gespräch.

»Das da unten nennen wir in Germania eine Haarnadelkurve.«

Doch der Italiener schien immerzu Bahnhof zu verstehen.

»Haarnadelkurve«, erklärte Gerhard mit Nachdruck.

»Curva, si, si.«

»Niente curva. Haarnadelkurva!«

Der Italiener begriff immer noch nicht.

»Passen Sie auf. Curva – si?«

»Si.«

»Bene. Und questa Kurva e una Haarnadelkurva. Capito?«

Der Italiener schüttelte den Kopf.

»Haarnadel – capisce Haarnadel?«

Nein, er begriff nichts.

»Haarnadel – come si dice? Hier, ecco –« Gerhard deutete auf seinen Kopf. »Das sind Haare. Hair. Hier oben. Und nun ... le donne, Frau – capito? Le donne haben langes Haar ... questa cosa longa – und dafür Nadeln ... Haarnadeln – capisce? Nadeln per hier oben – claro?«

Der Italiener guckte immer noch wie nicht gescheit.

»Paß mal auf. Nadeln – ja? Si qualque cosa e kaputto, ja? Dann sie prende una Nadel per fare bene ...« Gerhard machte die Bewegung des Nähens, »Nadel – capito? Questa e una Nadel. Und una Nadel per hier oben e una Haarnadel und questa Kurva e una Haarnadelkurva. Con la forma di una Haarnadel – capito?«

»Gerhard laß doch, der begreift's nicht.«

»Ich glaub's beinahe auch. Na, macht nichts. Tschau!«

Wieder im Wagen, konnte er sich jedoch längere Zeit nicht beruhigen.

»Er hätte es doch wirklich begreifen können, der Italiano!«

»Es ging vielleicht über seinen horizonto«, meinte Marie begütigend und brachte so den Göttergatten wieder zum Schmunzeln.

Trotzdem hätte die in Maries Worten enthaltene Mahnung Gerhard vorsichtiger werden lassen müssen, aber in Riccione stach ihn der Haber noch einmal. Und dabei hätte es beinahe Ärger gegeben.

»Mit Ihnen würde ich gerne ein Nümmerchen schieben«, bedeutete er einer Kellnerin, die verlegen die Achseln zuckte.

»Also Nummer ...«, versuchte Gerhard zu erklären.

»Numero?«

»Ja, bene, numera. Ich – ego – io – ja?«

Das schöne Kind nickte und bemühte sich augenscheinlich, hinter den Sinn von Gerhards Worten zu kommen.

»Io Nümmerchen – una piccola numera, io una piccola numera con te – capito?«

Das hörte Marie ja nicht so gern: »Gerhard, laß das doch!«

Doch Gerhard wollte nun mal keine Ruhe geben: »Guck lieber nach, was ›schieben‹ heißt.«

»Das kannst du dir selber raussuchen«, stieß Marie wütend hervor, schmiß Gerhard das Wörterbuch auf den Tisch und wollte gerade die beleidigte Leberwurst spielen, als Gerhard ihr durch ein Zwinkern bedeutete, daß er nur Spaß machte.

»Also wir piccola numera schieben, wir insieme – si?«

»Sieben?« fragte die Kellnerin und provozierte ungewollt eine nur mühsam unterdrückte Heiterkeit bei unseren Freunden.

»Nicht sieben. Sieben e sette. Schieben. Wir Nümmerchen schieben – ja?«

»Nümmerschen?«

»Una piccola numera solo wir zwei Hübschen – capito?«

Aber die Brave begriff immer noch nicht, und schließlich ließ es Gerhard des grausamen Spiels genug sein. Die Kellnerin ging, und endlich konnte Marie ihrem angestauten Gelächter freien Lauf lassen.

Noch im Hotelzimmer wollte sie sich nicht beruhigen: »Nümmerschen sieben – also wie sie das gesagt hat!«

Doch auch die schönsten Ferien gehen einmal zuende. Unerbittlich flatterte Kalenderblatt auf Kalenderblatt zu Boden, bis es auf einmal Abschiednehmen hieß.

»Schön war's in Italia, doch schön ist auch Germania«,

sang Gerhard über das Lenkrad der unverwüstlichen Nuckelpinne gebeugt, und Marie summte den Refrain versonnen mit.

»Es waren doch trotz allem herrliche Tage, wie?«

»Ganz herrliche Tage.«

Und dann tauchten plötzlich zwei Schilder auf. »Bundesrepublik Deutschland« stand auf dem einen, »Freistaat Bayern« auf dem anderen.

»Man« war wieder zu Hause: Gerhard, Marie und – nicht zu vergessen – die brave Nuckelpinne, die die ganzen drei Wochen wirklich ausgesprochen gut überstanden hatte.

»Buon giorno, Germania!« rief unser Italienfahrer übermütig aus.

Und war es mehr als nur ein Zufall, daß ihm das erste »Grüß Gott« seit drei Wochen – es war der Zöllner, der es aussprach – wie Musik in den Ohren klang?

Der Fortsetzungsroman

Volk ohne Öl

WAS BISHER GESCHAH: *Wir schreiben das Jahr 1980. Der Aufruf der CDU-Politiker Dregger und Wörner, Deutschland müsse sich notfalls mit der Waffe für seine Öl-Interessen am Persischen Golf einsetzen, zeitigt Folgen. Rund um Schulenburg, einen Ritterkreuzträger aus dem 2. Weltkrieg, hat sich das Freikorps Wörner geschart, sieben Männer, die auf eigene Faust von Fulda aus aufgebrochen sind, um dem deutschen Volk wenigstens eine der lebenswichtigen Ölquellen zu erobern. Ihr Ziel sind die Ölfelder von Sham an*

der Straße von Hormuz. Um zum Golf zu gelangen, müs-
sen sie die von Nomaden wimmelnde Wüste von Jiwa
durchqueren ...

Wir hatten bereits zur Nachtzeit die Zelte abgebrochen und
die Kamele gesattelt.

»Dürfte verdammt heiß werden heute«, hatte Schulen-
burg in seiner knappen Art gesagt, und dann waren wir los-
geritten: der grüblerische Roenninghoff, Merkel, der ehema-
lige Pazifist, der Berliner Sprüchereißer Gnitschke, die un-
zertrennlichen Brüder Meyer, Meyer Eins und Meyer Zwo,
wie Gnitschke sie zu titulieren pflegte, Schulenburg und
ich. Und noch ein achter war da, Omar, das arabische Fak-
totum, dessen durch diverse Lücken verzierte Zahnreihen
nun im Licht des untergehenden Mondes schimmerten, als
er sein unvermeidliches, bewunderndes »Deutsch gutt«
ausrief. Seit Roenninghoff ihm vor zwei Wochen in der
Oase Ahwab einen vereiterten Dorn aus dem verlängerten
Rücken gezogen und ihm einen der von den Arabern so
sehnlichst begehrten Bubble-Gums geschenkt hatte, war
der braune Geselle nicht mehr von seiner Seite gewichen,
und Roenninghoff hatte ihn gewähren lassen.

Und jetzt ritten wir wieder. Ritten, wie wir es schon seit
Wochen getan hatten. Oder waren es bereits Monate?
»Fulda!« dachte ich, und für einen Moment huschte eine
Erinnerung durch mein Hirn ... Wie uns der Oberbürger-
meister Dregger während einer geheimgehaltenen Weih-
nachtsfeier die Hand gedrückt und wie Wörner jedem von
uns einen geweihten Ölkanister um den Hals gehängt hat-
te ... »Was immer ihr tun müßt«, hatte er noch gesagt,
»denkt daran, daß ihr es für Deutschland tut.« Deutsch-

land! Aber für welches Deutschland ritten und litten wir hier? Für das Deutschland der Entspannungsphantasten und Alternativ-Energieler etwa? Für jenes Deutschland, das nichts von uns wissen durfte und wollte? Lohnte es sich dafür überhaupt …

»Na, Gernhardt – leiden Sie mal wieder unter ideologischen Bauchschmerzen?«

Schulenburgs spöttische Stimme riß mich aus meinen Grübeleien.

»Schätze, wir kriegen Besuch …«, fügte er überraschend ernst hinzu und zeigte auf eine Staubwolke, die nun rasch näherkam.

»Sieht wie Nomaden aus«, bemerkte Roenninghoff.

»Nomädchen wären mir lieber«, frotzelte der unverwüstliche Gnitschke.

»Scheinen in friedlicher Absicht zu kommen«, riefen Meyer Eins und Meyer Zwo wie aus einem Munde, und schon wollte ich die obligaten Bubble-Gums aus der Geschenktasche holen, als sich Schulenburgs Augen plötzlich verengten.

»Absitzen!« schrie er gepreßt und »Feuer frei!«

Und dann geht alles sehr schnell. Unsere MGs beginnen zu reden, mitten in das »Salaam« des Nomadenführers hinein. Sein Burnus ist auf einmal eine rote, blutige Masse, unendlich langsam, so kommt es mir vor, gleitet er vom Sattel seines Reitkamels, dann fällt er wimmernd in den Wüstensand, umgeben von sich hastig ergebenden Nomaden.

»Schulenburg!« schreie ich. »Sie kamen als Freunde – warum …«

Doch Schulenburg ist bereits über dem stöhnenden Anführer. Reißt seinen Bart ab. Ein Milchgesicht kommt zum Vorschein. Reißt seinen Burnus auf. Zwei Brüste quellen hervor. Wischt ihm wie rasend die braune Schminke vom Gesicht. Kalmückenhaft geschlitzte, brechende Augen blicken uns an.

»Politkommissarin Traptzşeva«, sagt Schulenburg hart. »Kenne sie noch von Minsk her, als sie unsere braven Ukrainer gegen uns aufwiegelte. Traf sie dann an der FU wieder, wo sie unter dem falschen Namen Rabehl die Anti-Vietnam-Demonstrationen organisierte. Wußte, daß sie seit geraumer Zeit im Mittleren Osten die Araber gegen unsere Energieversorgung aufhetzen sollte ...« Er pfeift durch die Zähne. »Und schauen Sie sich mal diese niedliche Empfangsüberraschung an!« Er deutet auf die Handgranate, die die Liegende noch fest umklammert hält. »Sie oder wir!« Er wendet sich kalt ab.

Und auf einmal schnattern die Nomaden alle aufgeregt durcheinander ... Der seltsame »Anführer« habe sich bei ihnen vor zwei Wochen als Mullah vorgestellt, der sie im Auftrage des Ayatollah Khomeini in den heiligen Krieg gegen die »Alemannis« führen sollte ... Sie seien ihm blindlings gefolgt ...

»Ayatollah Khomeini!« Schulenburg lacht knapp auf. »Ihr meint wohl Alexejewitsch Kominski – wie sein richtiger Name lautet. Hatte bereits die Ehre mit ihm, als er noch Folterchef im berüchtigten Tscheka-Gefängnis ...« Doch da verstummt er abrupt, wirft einen letzten Blick auf den Leichnam, und plötzlich sehe ich, wie eine Träne sich zögernd auf seine gebräunte Haut hinaustastet.

»Aufgesessen!« schreit er gepreßt.

Und wir reiten weiter.

Am Abend kampieren wir bereits am Persischen Golf.

Merkel hatte das Meer als erster gesehen. »Da!« hatte er geschrien, »Wou? Wou?« hatten Meyer Eins und Meyer Zwo, die unverbesserlichen Ostfriesen, gebrüllt, und »Bellt hier nicht so rum!« hatte Gnitschke dröhnend gelacht. Doch nun waren die Zelte aufgeschlagen, über einem munteren Feuerchen verbreitete ein Kessel Erbsensuppe heimatliche Düfte, und langsam versammelte sich das Freikorps Wörner in Erwartung des Abendessens um die mit Recht so geschätzte Atzung. Nur Schulenburg fehlte. Saß wohl noch über seinen Aufmarschplänen.

»Wat denn, wat denn – wir sind doch hier nicht bei der Firma Drängelmann und Söhne!« Das war Gnitschke, dem traditionsgemäß die Suppenausgabe oblag. »Is doch für jeden wat da!«

Und bald hatte denn auch jeder sein randvoll gefülltes Kochgeschirr vor sich. Wir aßen schweigend und blickten nur kurz auf, wenn Gnitschke sein obligates »Jéfräßige Stille« und Omar sein näselndes »Deutsch gutt« ausstieß.

Und dann starrten wir noch eine Weile sinnend in das Feuer. »Zu Hause feiern sie jetzt Ostern …«, sagte Roenninghoff nachdenklich, und auf einmal griff Meyer Zwo zu seiner Mundharmonika. »Es ist ein Has' entsprungen …«, sehnsüchtig klang das alte deutsche Osterlied über den dunklen Persischen Golf, und nach und nach fielen wir alle ein: »… aus einer Wurzel zart …«

Doch dann war, wie eine Erscheinung, Schulenburgs schmale Gestalt aus der Dunkelheit in unseren Kreis getreten.

»In die Schlafsäcke, Leute! Morgen wird ein heißer Tag! Gnitschke und Gernhardt beginnen mit der Zeltwache, die Ablösung erfolgt wie gewohnt. Gute Nacht!«

Gnitschke hatte es sich auf seinem Rucksack bequem gemacht, ich stand gegen den Stamm einer Palme gelehnt.

»Du, Gernhardt …«

»Ja?«

»Manchmal frage ich mich …«

Ich ahnte die Frage, die kommen würde. Hatte sie mir ja selbst oft genug gestellt in den letzten Wochen …

»… is det nich doch ein Wahnsinn, wat wir hier machen? Öl! Öl! Jibt et denn nischt Wichtijeres als Öl?«

Ich versuchte meine Stimme fest erscheinen zu lassen.

»Schau, Gnitschke – eine Volkswirtschaft ist wie der menschliche Körper. Und so ein Körper braucht Luft …«

»Braucht er, klar!« bestätigte Gnitschke.

»… und wenn dir nun einer die Hände um die Kehle legt, um dir die Luft abzudrehen …«

»Mann – der Kerl, der könnte wat erleben!« polterte es aus Gnitschke, »dem würd' ick …«

»Öl«, fahre ich fort, »ist die Luft unserer Volkswirtschaft. Deshalb sind wir hier. Damit Deutschland atmen kann. Und Deutschland muß atmen können, Deutschland ist …«, ich suche nach einfachen Worten, doch zu meiner Überraschung fällt mir Gnitschke ins Wort, Gnitschke, der Unstudierte, Gnitschke, das Berliner Schandmaul: »Deutschland is die Lunge det freien Westens. Und wenn die nich mehr funzionalisiert – oder wie det heißt, der olle Gnitschke kennt sich da nich so aus – denn …« Und er macht die Bewegung des Halsabschneidens.

Ich nicke und drücke ihm die Hand.

»Aba«, fährt er fort, »warum wissen det nur so wenije? Warum sind wa hier nur sieben und nicht siebzigtausend Mann? Warum schweigt die Heimat – außer Dregger, Wörner und ein paar anderen Durchblickern? Warum ...«

Ein Geräusch läßt uns herumfahren. Hinter uns steht Schulenburg. »Schlaf dich mal aus, Gnitschke. Ich übernehme deine Wache.«

»Aba ...«

»Nichts aber! Bist ein feiner Kerl, Gnitschke! Und nun hau dich in die Falle!«

»Ja, wenn det ein Befehl is ...«

»Ist ein Befehl!«

Und Gnitschke zieht ab. Schmunzelnd schauen wir ihm nach.

Wir hatten schon eine Weile schweigend nebeneinander gestanden, als Schulenburg plötzlich zu reden begann:

»Scheiß Ölkrieg!«

Überrascht blicke ich ihn an. Habe ich richtig gehört?

»Scheiß Ölkrieg, werden sie in der Heimat sagen und uns fallen lassen wie eine heiße Kartoffel, falls irgendwas schiefgeht, die Herren Politiker. Mit dem Völkerrecht werden sie uns kommen. Uns der Aggression gegen die Araber beschuldigen. Als ob die Araber ein Volk wären! Es sind prächtige Kerle – aber wie Kinder. Geben Sie dem Araber eine Handvoll Kamelmist und einen Bubble-Gum, und er wird den Tag selig kauend unter einer Palme verbringen: Mañana – Gott will es so. Öl? Der Araber braucht kein Öl. Der weiß nicht, was das heißt: Heizölkosten. Benzinpreise. Zuwachsraten. Nein – wir kämpfen hier nicht gegen die Araber. Wir kämpfen hier gegen den, gegen den wir uns schon immer zur Wehr setzen mußten. Den, der uns 1940 den Zutritt zu den Ölfeldern von Baku verwehren wollte, den, der uns 1945 die schlesischen Kohlegruben raubte, den ...«

»... ewigen Russen«, will ich ergänzen, doch Schulenburg fällt mir ins Wort:

»Gernhardt, wissen Sie eigentlich, warum Merkel bei uns mitmacht? Er hat es mir mal erzählt: Es war 1976, an einem dieser verkehrsfreien Sonntage. Merkel lebte damals noch mit seiner alten, schwachen Mutter zusammen. Und die bat ihn, ihr eine Flasche Bier vom Kiosk an der Ecke zu holen, sie verdurste sonst glatt. Merkel wirft sich also in seinen Wagen, will zum Kiosk – doch er kommt nicht weit. Polizei hält ihn auf – Fahren ohne Sondergenehmigung. Na, und bis Merkel all diese Formalitäten hinter sich hat, bis er mit der Flasche Bier ins Zimmer seiner Mutter stürmt, da ...« Er schluckt. »... da ist die alte Frau glatt verdurstet. Verdurstet, bloß weil am Persischen Golf irgendwo ein von Russen aufgehetzter Ölscheich uns den Ölhahn abgedreht hat ... Ja – so wurde aus dem Pazifisten Merkel ...«

»... ein ölbewußter Deutscher!« ergänze ich, und Schulenburg nickt.

In Gedanken verloren schauen wir über die Bucht, und plötzlich erblicke ich sie: winzig kleine Lichtpunkte am anderen Ufer.

»Die Ölfelder von Sham«, sagt Schulenburg, der meinem Blick gefolgt ist. »Morgen geht's ran. Ich hab' es den anderen verschwiegen. Sollten nochmal eine ruhige Nacht haben. Gilt übrigens auch für Sie, Gernhardt. Schlafen Sie – ich übernehme Ihre Wache!«

Sein Ton ist so bestimmt, daß ich keinen Protest wage. Zögernd wende ich mich zum Gehen, doch dann stelle ich sie noch, die Frage, die mich den ganzen Tag gequält hat ...

»Schulenburg …«

»Ja?«

»Wieso haben Sie den vermeintlichen Nomadenführer eigentlich so ohne weiteres als Politkommissarin erkannt? Ich meine …«

Ich verstumme, und als Schulenburg antwortet, ist seine Stimme rauh.

»Gernhardt – wenn Sie mal älter sind, werden Sie es auch erfahren: Ein Mann wird eine Frau, die er einmal geliebt hat, überall und immer wiedererkennen können – in jeder Verkleidung dieser Welt. Doch nun gehen Sie endlich« – er stöhnt es fast – »schlafen Sie sich aus, Menschenskind! Deutschland braucht Öl, und wir erörtern hier Weibergeschichten!«

»Ja«, denke ich, als ich auf das Zelt zugehe, »Deutschland braucht Öl. Und morgen … Was mag der morgige Tag bringen?«

In der Ferne bellte ein Schakal, und alles Leid der Welt schien in diesem Bellen zu liegen …

(Wird fortgesetzt.)

Die Autobiographie

Die Prominenten und ich

Wenn ich die Berühmtheiten meiner Tage Revue passieren lasse, erstaunt es mich immer wieder, daß nur relativ wenige meinen Lebensweg gekreuzt haben. Ob das damit zusammenhing, daß sie nur selten ausgerechnet dort waren, wo ich mich gerade aufhielt? Willy Brandt beispielsweise habe ich nie getroffen, obwohl wir jahrelang in derselben Stadt, Berlin, wohnten. Das war zwischen 1958 und 1964. Es kann für Brandt nicht immer einfach gewesen sein, mir dauernd aus dem Weg zu gehen. Damals war Berlin ja noch eine hochlebendige Stadt, auch ich war viel unterwegs, tauchte überraschend in der FU, dann wieder in der Hochschule für Bildende Künste auf, besuchte ohne Voranmeldung das Café am Steinplatz, war eine halbe Stunde später in den S-Bahnstuben am Savignyplatz oder bei Leidicke. Irgendwie hat es Brandt jedoch immer geschafft, mir auszuweichen, schließlich aber wurde es dem übrigens hochbegabten Politiker zuviel. Er siedelte nach Bonn über, wohin ich nur selten komme, und hat sich dort einen Freundeskreis aufgebaut, dessen Hauptkriterium zu sein scheint, daß sie nichts mit mir zu tun haben. Oder ist es ein Zufall, daß ich weder Heinemann, Bahr, Scheel noch Schmidt persönlich kenne?

Vielleicht. Aber daß ausgerechnet ein Mann wie Ludwig Erhard, dem ich einmal in Göttingen begegnet bin, keinen Zutritt zu diesem Kreise hat – ist auch das ein Zufall? Es muß in den frühen 50er Jahren gewesen sein, als wir uns das erste und einzige Mal sahen. An Einzelheiten kann ich mich kaum erinnern, nur so viel weiß ich, daß der gefeierte Vater des Wirtschaftswunders mich eindringlich beschwor, CDU zu wählen. Nun, der Appell mußte erfolglos bleiben, ich war ja damals noch ein blutjunger Oberschüler, vielleicht fiel die Mahnung bei den anderen Besuchern der Wahlveranstaltung auf fruchtbareren Boden. Unsere Wege trennten sich, wie es scheint, für immer.

Günter Grass dagegen begegnete ich häufiger, ja so häufig, daß ich annehmen muß, daß er mir geradezu auflauerte. Das erste Mal beispielsweise sahen wir uns mitten im Grunewald, am Teufelssee. Ich kam gerade vom Baden, und als Grass an mir vorbeiging, schoß mir der Gedanke durch den Kopf: »Da geht doch der Grass!« Dasselbe dachte ich einige Monate später, als ich zur Adventszeit lieben Besuch vom Bahnhof Zoo abholen wollte: »Da steht doch der Grass!« – und da stand er tatsächlich, wirkte trotz seines wachsenden Ruhms merkwürdig verfroren und tat so, als ob er auch jemanden erwarte. Der kaschubische Schnauzbart sollte mir noch manchesmal über den Weg laufen, ohne daß ich je erfuhr, was er eigentlich von mir wollte. Den letzten Versuch, mit seinem Anliegen rauszurücken, scheint Grass in den späten 60er Jahren gemacht zu haben, als er mir nach Frankfurt – dort lebe ich seit 1964 – nachreiste, angeblich um einen Vortrag im Cantatesaal zu halten. Ich erinnere mich dunkel, diesen Vortrag gehört zu haben, der Inhalt ist mir jedoch entfallen. Wird wohl nichts Besonderes gewesen sein.

Namen, Namen, Namen! Und wie viele sind schon verloschen! Robert Kennedy etwa, den ich vom Oberdeck des 48er Busses dabei beobachtete, wie er gerade das Berliner Amerika-Haus betrat – »jungenhaft und locker«, wie ich später den Zeitungen entnahm. Ich kann das nicht bestätigen, aber es ging auch alles sehr flink.

Oder Henry Miller, dem ich – ebenfalls im Berlin der 60er Jahre – plötzlich im Zeichenbedarfsgeschäft Spitta und Leutz gegenüberstand. Er benahm sich übrigens sehr anständig, kaufte lediglich eine Radiernadel und ging. Ich hätte ihm gerne etwas zu seinen Büchern gesagt, aber mit meinem Englisch haperte es. Heute bedaure ich meine

Zurückhaltung, Millers Bücher sind seit unserem Treffen immer lascher geworden. Schade, noch heute weiß ich nicht, was »sich am Riemen reißen« auf Englisch heißt. »To pull yourself at the ...« – ja wie nun? Ewig schade. Dem alten Henry hätte ein freundschaftlicher Rüffel gutgetan.

Oder die Nobelpreisträger! Da war Werner Heisenberg, der extra in die Göttinger Felix-Klein-Oberschule kam, um mich in der Schulaufführung des Stückes ›Diener zweier Herren‹ die herrliche Figur des Pantalone spielen zu sehen. Ich weiß das, weil Heisenbergs Sohn, der in meine Klasse ging und während derselben Aufführung Geige spielte, vor der Premiere auf einen runden Herrn in einer der ersten Reihen deutete und sagte: »Mein Vater.« Da war der alte Professor Hahn, den ich laut Aussagen meiner Mutter eigentlich gesehen haben müßte, weil er in Göttingen nur einige Straßen von uns entfernt wohnte, und da war natürlich Einstein. Aber der lebte ja nun in den Staaten, und da war ich noch nie. Dafür war ich schon in Frankreich, der Heimat so bedeutender Männer wie Pascal, Voltaire, Napoleon – um nur die wichtigsten zu nennen. Doch davon ein andermal mehr. Wenn ich das Kapitel ›Meine Reisen und ich‹ beendet habe.

(1972)

Das Gedächtnisprotokoll

Die Katz ist weg

Die Gastkatze war weg. Zuerst herrschte Ratlosigkeit.

»Wie konnte das nur passieren?« »Aus dem dritten Stock!« »Und es ist nichtmal unsere Katze!« »Ich weiß, ich weiß!«

Dann ließ ich 500 Handzettel drucken: »Hohe Belohnung. Katze entlaufen: schmal, graubraun-weiß gefleckt, sehr scheu, hört auf den Namen Rosa.«

Wir plakatierten das Westend und steckten die Handzettel in alle umliegenden Briefkästen.

Leute riefen an.

»Also ich habe Ihre Katze nicht. Aber haben Sie schon mal daran gedacht, im Schrank nachzusehen?«

»Ich habe Ihren Aushang gelesen. Sie, mir ist auch mal eine Katze entlaufen. Eine Siamkatze. Auf dem Frankfurter Hauptbahnhof ist sie mir entsprungen. Sie, der Zug nach Hamburg hat eine halbe Stunde Verspätung gehabt. Ich wollte nach Kassel, ich habe dem Zugführer gesagt: ›Sie fahren mir nicht weg. Rafi sitzt unter dem Zug. Ich nenne ihn Rafi, er heißt eigentlich Raffael. Ich kratz Ihnen die Augen aus, wenn Sie losfahren!‹ Und er ist nicht losgefahren. Später fand ich Rafi, er saß in einer Blumenschale. Was ich ausgestanden habe!«

»Sie suchen doch eine Katze. Es geht mir nicht um die Belohnung.«

»Ja ...«

»Bei uns im Garten ist eine rumgestrolcht. Die kam gestern schon.«

»Wo wohnen Sie denn?«

»In Buchschlag. Das ist bei Sprendlingen. Und diese Katze –«

»Ja?«

»Wir haben einen Pudel.«

»Ja und?«

»Und der Pudel ist jetzt im Haus. Aber die Katze, die kriegt eben dahinten im Garten etwas zu fressen. Von den Nachbarn.«

»Wie sieht sie denn aus?«

»So schwarz.«

»Schwarz? Die, die ich suche, ist grau-weiß gefleckt.«

»Ja – Weiß hat die auch.«

»Und Grau?«

»Na ja … so ein Grau … So ein dunkles Grau …«

»Ich habe ein Foto der Katze vor mir. Also, die hat einen weißen Kopf, weiße Brust, weiße Beine und oben, um die Ohren – das ist schwer zu beschreiben –«

»Die Ohren sind spitz.«

»Nein, ich will sagen – oben, um die Ohren, da ist eine dunkle Zeichnung. Wie ein Madonnenscheitel, verstehn Sie?«

»Nein.«

»Das Grau geht auf beiden Seiten schräg und gleichmäßig runter.«

»Ja, ein schwarzes Näschen hat die hier auch.«

»Ein schwarzes Näschen? Das hat die, die ich suche, nämlich nicht. Die hat eine weiße Nase.«

»Also die hier, die ist auch nicht richtig schwarz.«

»Könnten Sie das nicht genau sagen? Ich komme gerne nach Buchschlag, wenn etwas Hoffnung ist, aber Buchschlag ist ja recht weit von hier und ich …«

»Hören Sie: Ich kann die Katze nicht ewig im Garten behalten!«

»Bleibt sie denn wenigstens im Garten? Damit sie nicht weg ist, wenn wir kommen …«

»Woher soll ich denn das wissen? Was heißt das: Bleibt sie im Garten? Wir haben einen großen Garten, das Tier kann überall hinlaufen. Wir können es doch nicht festhalten!«

»Verstehn Sie doch. Ich möchte nur vermeiden, daß ich den ganzen Weg umsonst mache.«

»Ja – suchen Sie das Kätzchen, oder nicht? Was soll denn das? Ich lasse mir hier wegen Ihrer Katze den Kaffee kalt werden, ich habe noch nicht gefrühstückt und –«

»Ich komme gern, aber wenn sie ein schwarzes Näschen hat –«

»Was reden Sie denn da von einem schwarzen Näschen? Sie haben das Tier doch überhaupt nicht gesehen! Und ich frage mich, ob Sie es überhaupt sehen wollen. Mir geht es nicht um die Belohnung. Mir geht es um das Tier. Um die Kreatur. Wir geben ihr schon zwei Tage zu fressen, aber hier sind scharfe Hunde, ich kann da für nichts garantieren. Aber Ihnen scheint das alles ja wohl egal zu sein. Ich muß Ihnen ehrlich sagen, so wie Sie sich verhalten, da muß ich ja annehmen, daß Ihnen Ihre Katze völlig egal ist. Warum –«

»Sie ist –«

»Warum geben Sie denn dann überhaupt eine Anzeige auf, wenn Sie Ihre Katze nicht holen wollen?«

»Sie ist mir nicht egal!«

»Und warum kommen Sie dann nicht? Erleichtern Sie Ihr Gewissen! Schauen Sie sich das Tier an!«

»Könnten wir noch einmal die Frage klären: Hat sie ein weißes oder ein schwarzes Näschen?«

»Schaun Sie sich das Tier doch an! Eben sehe ich es vom Fenster aus schon nicht mehr. Ich werde mir jetzt einen neuen Kaffee kochen müssen. Wir haben einen scharfen Pudel –«

»Gut, ich komme.«

Fast alle Anrufer waren Frauen.

»Sie haben doch die Anzeige wegen der entlaufenen Katze aufgegeben?«

»Ja.«

»Wir haben das Kätzchen. Sie können es abholen.«

»Ja? Wo wohnen Sie denn?«

»Im Grüneburgweg. Am Sonntagnachmittag hat es vor unserer Haustür gesessen, das Kätzchen. Direkt vor der Haustür.«

»Dann muß es eine andere sein. Die Katze, die ich suche, ist vom Montag auf den Dienstag entlaufen.«

»Nein. Das war am Sonntag. Wir kamen gerade vom Spaziergang, mein Mann und ich, da saß es vor der Haustür. So ein kleines Siamkätzchen.«

»Ich suche eine Hauskatze. Grau-weiß gefleckt.«

»Nein, die ist ganz braun. Ein Siamkätzchen.«

»Dann muß es eine andere Katze sein.«

»Nein, ich kenn' mich da etwas aus. Das ist ein Siamkätzchen. Braun und das Gesicht schwarz und ganz blaue Augen.«

»Die, die ich suche, ist eine Hauskatze mit auffallend gelben Augen.«

»Nein, die sind blau beim Kätzchen. Das sieht man doch. Die sitzt doch vor mir.«

»Dann muß es eine andere Katze sein, glauben Sie mir.«

»Nein, das ist keine andere Katze. Das ist ein Siam-kätzchen!«

Ich führte mehrere Dutzend solcher Gespräche. Die Katze blieb verschwunden und wurde nie wieder gefunden.

Die Humoreske

Es gibt Tage, da ist bereits beim Frühstück alles zu spät:

Kinder, Kinder!

»Hör mal, Norbert«, sagte meine Frau, »ich hätte gern ein Kind.«

»Wer hätte das nicht gern, liebe Ingrid«, erwiderte ich, ohne von der ›taz‹ aufzuschauen, »selbst ich hätte gern eines. Aber sie sind so schwer zu fangen.«

»Ich hätte gern ein Kind!« wiederholte meine Frau mit ungewohntem Nachdruck.

»Geh ins Kinderhaus«, riet ich ihr zerstreut und griff zum Bio-Yoghurt. »Wenn sich hinter diesem Namen nicht eine Schwindelfirma verbirgt, müßte es dort Kinder geben. Vielleicht haben sie eins günstig auf Lager.«

»Ich hätte gern ein Kind von dir!« sagte meine Frau ungehalten.

»Von mir?« Verblüfft ließ ich die Zeitung sinken. »Wie kommst du denn auf die Idee, ich hätte ein Kind abzugeben?«

»Wer spricht hier von abgeben?« fragte meine Frau scharf zurück. »Du sollst mir eins machen!«

»Ich?«

»Ja, du.«

»Und wie kommst du darauf?«

»Andere Männer machen ihren Frauen auch Kinder.«

»Anderen Frauen würde ich auch Kinder machen, das ist keine Kunst.«

»Und warum machst du mir keins?« fragte meine Frau.

»Na hör mal …« Scham hinderte mich für einen Moment am Weiterreden, doch dann überwand ich mich. »Wir sind doch schließlich verheiratet, falls dir das entgangen sein sollte.«

»Seit fünfzehn Jahren«, bestätigte meine Frau lächelnd. »Na und?«

Ich starrte sie fassungslos an. »Was du verlangst, ist Inzest!« brachte ich schließlich hervor.

»Ich denke, du bist ein aufgeklärter Mensch, der keine Tabus kennt?!« konterte meine Frau schnippisch.

»Kenn ich auch nicht«, erwiderte ich erregt. »Aber mit der eigenen Frau zu … zu …«

»Was?«

»Na, du weißt schon …«

»Also doch!« sagte sie höhnisch.

»Also was?« fragte ich zurück.

»Tabus!«

»Na gut, Tabus«, räumte ich ein. »Ja, Tabus! Jede Kultur ist letztlich auf Tabus aufgebaut. Selbst bei den Trobriandern …«

»Komm, komm – laß die Trobriander aus dem Spiel!«

Meine Frau hatte in den späten 60ern ein Seminar über die Trobriander mitgemacht und dieses Südseevolk seither ständig ins Feld geführt, wenn es darum gegangen war, überkommene Sexual-, Moral- und Wertvorstellungen kritisch zu hinterfragen und faktisch zu konterkarieren.

»Nein – laß mich ausreden!« ereiferte ich mich. »Zufällig habe ich gerade gestern von einem befreundeten Ethnologen erfahren, daß bei den Trobriandern auch nicht jeder mit jedem darf. Zum Beispiel ist dort der Geschlechtsverkehr zwischen Minderjährigen und ihren leiblichen Großeltern während der Zeit der Dattelernte untersagt.«

»Weiß ich«, gab meine Frau unwirsch zurück. »Während der Zeit der Dattelernte ist bei den Trobriandern alles untersagt, sogar das Dattelernten. Also was ist: Machst du mir ein Kind?«

»Ich dir?« Nervös tunkte ich die ›taz‹ in den Bio-Yoghurt. Dann kam mir eine rettende Idee:

»Und was sollen Detlev und Vera denken, wenn wir – na du weißt schon was?«

Meine Frau schaute betroffen auf: »Tja …«

Vielleicht sollte ich hier zum besseren Verständnis einflechten, daß Vera meine Freundin ist und Detlev der Freund meiner Frau.

»Die haben doch wohl auch noch ein Wörtchen mitzureden!« hakte ich, sicherer geworden, nach. »Oder findest du es solidarisch, sie einfach zu hintergehen?«

»Nein, nein«, erwiderte meine Frau kleinlaut. »Wir müßten es natürlich thematisieren. Ob wir mal wieder ein Beziehungsgespräch ansetzen sollten. Wir vier – bei einem Fondue bourguignonne?«

»Du weißt doch, daß das nicht geht«, sagte ich kalt.

»Ja, ja, ich weiß«, seufzte meine Frau.

Seit Vera Detlev bei einem Wochenend-Encounter vorgeworfen hat, er sei unfähig, seine Aggressionen rauszulassen, gehen die beiden einander aus dem Weg, da solche Treffen regelmäßig damit enden, daß er seine Aggressionen rausläßt.

»Aber weißt du, was?« schlug sie unerwartet heiter vor, »wir könnten es ja in Einzelgesprächen versuchen. Du sprichst mit Vera, und ich spreche mit Detlev.«

»Und was soll ich Vera sagen?« wollte ich wissen.

»Daß ich ein Kind von dir will.«

»Dann wird sie auch eins wollen. Wo soll ich denn diese ganzen Kinder hernehmen?«

»Ich bin aber zuerst auf die Idee gekommen.«

»Ja sicher«, räumte ich ein. »Aber du weißt doch, in welcher schwierigen Situation Vera gerade ist.«

»Vera?«

»Na ja – dieser ganze Stress wegen dieser Beziehung mit einem verheirateten Mann …«

»Vera?« rief meine Frau mitfühlend aus. »Wie schrecklich! Mit wem denn?«

»Mit mir.«

»Ja, richtig!« Ingrid rührte nachdenklich im Fencheltee. »Vielleicht ist es besser, wenn ich mich da als Frau einbringe«, schlug sie dann vor. »Ich spreche mit Vera, während du die Sache mit Detlev problematisierst – was meinst du?«

Erleichtert stimmte ich zu, und schon tags darauf traf ich mich mit Detlev im Pflasterstrandcafé. Ohne Umschweife referierte ich den Wunsch meiner Frau, beeilte mich, da Detlevs Kiefer immer mehr herabsank, meine Bedenken nicht zu verhehlen, und schloß schließlich mit der Feststellung, daß man auch Ingrid verstehen müsse, da es in der Sexualität ja so etwas wie Perversion an sich nicht gebe, vielmehr die Beurteilung dessen, was pervers sei und was nicht, ausschließlich vom gesellschaftlichen Umfeld abhänge. »Nimm nur die Trobriander«, schloß ich eindringlich. »Da beispielsweise darf es jeder mit jedem treiben, ohne daß er deshalb irgendwelche Schuldgefühle haben muß, da die Gesellschaft –«

»Die Trobriander?« fragte Detlev verstört, »welche Trobriander denn?«

Gerade wollte ich zu einem längeren Exkurs über dieses gesegnete Südseevölkchen ansetzen – allerdings unter Auslassung der Dattelernte und der damit verbundenen Implikationen –, als Detlev plötzlich das Marmortischchen umkippte und mich finster fragte: »Sag mal – habe ich dich richtig verstanden? Du willst meine Freundin bumsen?«

»Aber nein«, entgegnete ich entsetzt. »Wie sollte ich denn jemanden bumsen wollen, den ich überhaupt nicht kenne? Was ich soeben ausgeführt habe, ist lediglich Ingrids Vorschlag, daß ich ihr ein Kind mache.«

»Ach ja?« gab Detlev höhnisch zurück. »Aber ganz ohne Bumserei und alles – was? Wie stellst du dir das denn vor, du perverse Sau?«

»Bei den Trobriandern«, begann ich halbherzig, wurde aber an der Fortführung meines Gedankenganges dadurch behindert, daß Detlev die Espresso-Maschine aus der Halterung riß und sie mir an den Kopf warf.

»Komm«, sagte ich versöhnlich, »wir wollen uns doch nicht wegen einer solchen Lappalie schlagen!«

»Wer spricht von ›wir‹?« antwortete Detlev kalt. »Ich will dich schlagen!«

Zu Boden gehend, bekam ich gerade noch mit, wie Detlev den Umstehenden erklärte, daß er es bisher noch nie gewagt habe, seine Aggressionen voll rauszulassen, jetzt aber müsse es sein, dies Schwein da wolle nicht nur seine, des Schlagenden, Freundin bumsen – Na und? riefen die Umstehenden –, sondern auch seine, des Liegenden, Frau – Gib ihm! lautete das Urteil der Menge –, dann schwanden mir die Sinne.

Vielleicht hätte ich auch mal so ein Wochenend-Encounter besuchen sollen.

Die Erzählung

Das Buch Ewald

Gott und der Teufel schauten wieder einmal auf die Erde, als Gott den Teufel plötzlich anstieß und, auf einen jungen Mann deutend, sagte: »Jetzt schau dir mal diese Ratte da an!«

»Ratte? Nu na, nu na …«, antwortete der Teufel zögernd, da er im Gehabe des jungen Mannes, welcher gerade dabei war, auf ein junges Mädchen einzureden, wenig Rattenhaftes entdecken konnte. »Der ist doch eigentlich ganz nett.«

»Nett wie so eine Ratte nur sein kann«, gab Gott höhnisch zurück. »Siehst du denn gar nicht, was der da mit dem Mädchen vorhat?«

»Hat der was vor?« fragte der Teufel verwundert und lauschte zerstreut den Worten des jungen Mannes, welche darauf hinausliefen, er würde dem Mädchen, da sie sich doch für Kunst interessiere, gar zu gern seinen jüngst in London gekauften Hockney-Band zeigen.

»Stimmt, der hat etwas vor«, sagte der Teufel schließlich, »der will dem Mädchen ein Kunstbuch zeigen.«

»Kunstbuch?!« Gott schlug sich in gespielter Verzweiflung vor die Stirn. »Sagtest du Kunstbuch?«

»Ist doch Kunst – oder?«

»Was ist Kunst?«

»Hockney.«

Gott überlegte einen Moment. War Hockney Kunst? Ein bißchen viel Schwimmbecken – oder? Doch dann fiel ihm das Portrait der Eltern ein: »Ja, ja. Kunst.«

»Na also«, sagte der Teufel.

»Also was?«

»Also alles klar – die beiden da haben irgend etwas Kunstmäßiges vor.«

Gott blies die Backen auf, dann ließ er mit einem verächtlichen Seitenblick auf den Teufel ostentativ die angestaute Luft entweichen: »Pfllpfllpfll …«

»Nichts Kunstmäßiges?« fragte der Teufel verunsichert.

Gott wollte gerade zu einer Antwort ansetzen, als zwei Engel hereinkamen und etwas Backwerk, Kaffee, Cognac sowie eine Flasche Rotwein brachten. »Da bin ich mal so frei«, sagte der Teufel, dem schon lange nach einem Schlückchen gewesen war, und griff nach dem Cognac. Gott bediente sich derweil vom Rotwein, fast schien es, als habe er den jungen Mann vergessen, als er plötzlich das angebissene Stück Kuchen sinken ließ und mit vollem Munde herausplatzte: »Bürsteln will er sie!«

»Wer? Wen?«

»Er! Sie!« Erregt blickte Gott wieder auf die Erde, während der Teufel, ohne vom Kuchen aufzuschauen, ein begütigendes »Nu na« und »Wer wird denn gleich an das Schlimmste denken« brummte.

»Da!« schrie Gott entgeistert auf. »Ja ist denn das die Möglichkeit!«

»Ist was?« Nun schaute auch der Teufel hinunter, ohne freilich den jungen Mann sogleich ausmachen zu können.

»Da!« Gott packte den Teufel am Ärmel. »Was für eine Ratte! Was für eine ausgemachte Ratte! Jetzt faßt er sie doch tatsächlich an die Dudeln!«

»Wirklich?« Der Blick des Teufels irrte ein wenig umher, dann hatte er den jungen Mann wieder im Visier. Der ging immer noch neben dem Mädchen her und wiederholte seine Bitte, sie möge sich doch seinen Hockney-Band anschauen.

»Mich so zu erschrecken!« sagte der Teufel fast schmollend. »Hat sich was mit Dudelnfassen!«

»In Gedanken hat er sie aber an die Dudeln gefaßt«, sagte Gott streng. »Und das ist genauso schlimm wie in Wirklichkeit.«

»Nu na.« Der Teufel wollte sich wieder dem Cognac zuwenden, doch dann hatte er das Gefühl, noch irgend etwas Hilfreiches sagen zu müssen, und daher sagte er: »Dudeln hin, Dudeln her!«

»Wie bitte?« fragte Gott stirnrunzelnd.

»Nun ja …«, der Teufel überlegte etwas. »Bist du denn ganz sicher, daß er sie an die Dudeln fassen wollte?«

»Wohin sollte die Ratte sie denn sonst fassen wollen?«

»Weiß ich?« Für einen Moment fühlte sich der Teufel in die Enge getrieben, doch dann schlug er erleichtert vor: »Vielleicht an den Ellenbogen?«

»Vielleicht gar an seinen eigenen?« fragte Gott spöttisch.

»Ja, ja, warum eigentlich nicht?« stimmte der Teufel zu.

»Es wäre nicht das erste Mal. Mein Knecht Hiob hat sich –«

»Mein Knecht immer noch!« unterbrach ihn Gott.

»Deiner? Auch gut.« Fast schien es, als ob der Teufel den roten Faden völlig verloren hätte, dann aber erinnerte er sich: »Der faßte sich auch immer so an den Ellbogen.«

»Wer?«

»Der Dingens. Mein – nein, dein Knecht Hiob. Erinnerst du dich nicht mehr?«

»Der?« Gott überlegte. »Ach der! Aber der hat sich doch immer an den Kopf gefaßt.«

»Wann?«

»Damals. Als du ihm diese ganzen Schicksalsschläge zugefügt hast.«

»Du immer noch«, berichtigte ihn der Teufel.

»Nein, du«, entgegnete Gott scharf.

»Aber du hast angefangen!« sagte der Teufel.

»Wir haben gemeinsam angefangen«, erinnerte sich Gott.

»Wir hatten diese Wette laufen, nach der du meinem treuen Knecht Hiob alle erdenklichen Übel zufügen durftest, um ihn zum Abfall von mir zu bewegen und –«

»Bumsti! Abgefallen ist er!« schrie der Teufel begeistert.

»Im Gegenteil!« empörte sich Gott.

»Na gut. Aufgefallen ist er«, sagte der Teufel begütigend, und bevor Gott nochmals widersprechen konnte, fügte er rasch hinzu: »Weil er doch trotz der ganzen Schicksalsschläge immer so verbissen zu dir gehalten hat. Na! Nicht verbissen«, korrigierte er sich, da Gott schon wieder aufbrausen wollte, »vertraulich! Nein, auch nicht! Jetzt hab ich's: Vertrauensvoll!«

»Ja. Vertrauensvoll!« bekräftigte Gott. »Jawohl, so einer

war er, mein Knecht Hiob – vertrauensvoll! Du hast ihm die Frauen genommen und die Töchter und die Söhne und die Herden und schließlich die Schwären, und –«

»Die Schwären habe ich ihm aber nicht genommen, sondern geschickt«, warf der Teufel ein. »Deswegen – jetzt erinnere ich mich –, deswegen hat der Hiob sich ja auch die ganze Zeit an den Ellenbogen gefaßt. Nicht gefaßt! Gekratzt hat er sich. Weil's da so gejuckt hat!«

»Gejuckt?« Mißmutig blickte Gott auf den Teufel, der sich schon wieder vom Cognac bediente, doch dann hellte sich sein Gesicht auf.

»Vertraut hat er mir!« röhrte er fröhlich. »Nix hat er mehr gehabt –«

»Außer Schwären!« gab der Teufel mit der Korrektheit des Angetrunkenen zu bedenken, ohne Gott allerdings in seinem Gedankengang stören zu können, denn der fuhr freudig fort: »Gar nix! Außer dem Vertrauen zu mir. Dem Vertrauen! Das nämlich hast du ihm nicht nehmen können, du Saubär!«

»Nu na, nu na!« Irgendwie schien das Gespräch an Niveau zu verlieren, irgendwo dämmerte es dem Teufel, daß er ihm eine andere Wendung geben mußte. Aber wie? Da ihm nichts Besseres einfiel, schaute er scheinbar angespannt auf die Erde.

»Oha, oha!« sagte er aufs Geratewohl.

»Bürstelt er sie?« fragte Gott aufgeregt, während er suchend dem Blick des Teufels folgte. Zunächst ohne Erfolg. Endlich aber – der Teufel hatte nämlich in eine ganz falsche Richtung geschaut – fand Gott den jungen Mann wieder, welcher, offensichtlich vor seiner Haustüre angelangt, dem Mädchen noch einmal nahelegte, sich doch unbedingt den

Hockney-Band anzuschauen, auch könne er ihr, da es ja bereits ein wenig kühl sei, einen Tee bereiten.

»Bürsteltrick Siebzehn«, sagte Gott verächtlich, doch da der Teufel, froh über die Ablenkung, sich weiterer Kommentare enthielt, sahen beide eine Zeitlang schweigend zu, wie der junge Mann mit dem Mädchen zwei Treppen hochstieg, eine Wohnungstür öffnete, seinen Gast in ein möbliertes Zimmer geleitete – offensichtlich lebte er zur Untermiete –, worauf er unter Hinweis auf den versprochenen Tee in der Küche verschwand, wo er auch tatsächlich damit begann, Wasser aufzusetzen und nach einer Kanne zu suchen.

»Apropos Kanne«, sagte der Teufel und griff zum Cognac, während Gott, dem die Zeit ebenfalls lang geworden war, sich wie auch zuvor schon an den Rotwein hielt. »Kuchen gefällig?« fragte er so verbindlich, daß der Teufel sich nicht verkneifen konnte, nach einem eilfertigen »Aber gern« noch ein verschwörerisches »Fast wäre er ja doch naduweißtschonwas« zu äußern.

»Fast wäre wer was?« fragte Gott stirnrunzelnd.

»Dein Knecht Hiob wäre fast –«

»Was fast?«

»Fast abgefallen.«

»Wie bitte?«

»Nu na – doch nur fast … Fast beinahe … Beinahe gar nicht … eigentlich überhaupt nicht …«, haspelte der Teufel. »Aber wenn du zum Schluß nicht deine Rede gehalten hättest, ich meine, ohne diese bombige Rede –«

»Welche Rede?«

»Na, deine Rede an Hiob. ›Weißt du, Hiob, wann es Zeit ist, die Hindin zu schwängern?‹ – diese Rede. Eine ganz großartige Rede. Also ich habe sie jedenfalls gemocht. Ehrlich.«

»Die Hindin?« fragte Gott nachdenklich.

»Nein, deine Rede.«

»Nicht: die Hündin?«

Der Teufel schaute verwundert auf. »Welche Hündin denn?«

Gott nippte mißmutig an seinem Rotwein. »Ich könnte schwören, daß ich von einer Hündin geredet habe und nicht von einer Hindin.«

»O doch! Hindin!« versicherte der Teufel. »Weißt du die Zeit, wann die Gemsen auf den Felsen gebären? Oder hast du gemerkt, wann die Hindin schwanger geht«, fuhr er rezitierend fort. »Hast du gezählt ihre Monden, wenn sie voll werden? Oder weißt du die Zeit, wann sie gebiert?«

»Sie beugen sich«, fiel nun auch Gott ein, »lassen aus ihre Jungen und werden los ihre Wehen. Ihre Jungen werden feist –«, für einen Moment wußten beide nicht weiter, nachdenklich blickten sie auf das Backwerk. »Und immer feister und immer feister«, schlug der Teufel vor, doch nun war es an Gott, ihm auf die Sprünge zu helfen: »Feist und groß im Freien und gehen aus und kommen nicht wieder zu ihnen … So habe ich zu Hiob geredet! Genau so! Ich habe ihn die schwierigsten Sachen gefragt, und er hat alle Antworten gewußt, alle! So einer war er, mein Knecht Hiob! Alles hat er gewußt, einfach alles!«

Gott wäre wohl noch länger so fortgefahren, hätte nicht ein eigenartig gequälter Gesichtsausdruck des Teufels ihn plötzlich veranlaßt, »ist was?« zu fragen.

»Nicht der Rede wert«, beeilte sich der Teufel zu versichern. »Nur …«

»Nur?«

»Nur, daß es sich genau umgekehrt verhielt.«

»Umgekehrt?«

»Oder andersrum«, sagte der Teufel mit einem etwas verrutschten Lächeln. »Oder nein, doch umgekehrt. Ich meine: Hiob wußte nichts.«

»Nichts?«

»Aber so erinnere dich doch«, beschwor der Teufel sein Gegenüber. »Hiob hatte sein Unglück beklagt, und du wolltest ihm beweisen, wie unverständig er war. Mittels deiner Rede. Einer ganz, ganz großartigen Rede übrigens. Schon der Einstieg ...«

»Ach ja, der Einstieg«, erwiderte Gott zögernd. »Der Einstieg ...« Einen Augenblick lang schwieg er. »Welcher Einstieg?« brüllte er plötzlich.

»Der zu deiner Rede. Dein Rede-Einstieg, um es kurz zu sagen.« Der Teufel erhob seine Stimme: »Wer ist der, der den Ratschluß verdunkelt mit Worten ohne Verstand? Gürte deine Lenden wie ein Mann, ich will dich fragen, lehre mich!«

»Sag mal – wie redest du eigentlich mit mir?« fragte Gott verblüfft.

»Aber so hast doch du mit Hiob geredet!«

»Ich?«

Schon wollte der Teufel abermals nach abschwächenden oder doch beschwichtigenden Formulierungen suchen, als Gott ihn unerwartet der Mühe enthob.

»Ja! Ich!« rief er strahlend aus. »So einer war ich! Hundert Fragen habe ich dem Hiob gestellt, und nicht eine hat er beantworten können, der Nichtsnutz! Nicht eine! Ich fragte: ›Wer bereitet dem Raben die Speise, wenn seine

Jungen zu Gott rufen und fliegen irre, weil sie nichts zu essen haben?‹ Und was antwortete Hiob? Na?«

In gespieltem Unwissen zuckte der Teufel fast überdeutlich die Achseln. »Nichts?« fragte er dann scheinheilig·.

»Nichts!« erwiderte Gott mit Nachdruck. »Und was, meinst du, wußte Hiob auf die folgende Frage zu antworten: ›Meinst du, das Einhorn werde dir dienen und bleiben an deiner Krippe?‹ Nun?«

Der Teufel hielt prüfend das Cognac-Glas gegen die tiefstehende Sonne. »Doch nicht etwa nichts?« murmelte er zögernd, wobei sein »nichts« gar nicht mehr zu hören war, da es vollständig von dem triumphierenden »Nichts!« Gottes übertönt wurde: »Gar nichts! Und auf meine Frage nach dem Strauß – überhaupt nichts! Auf meine Frage: ›Kannst du dem Roß Kräfte geben oder seinen Hals zieren mit einer Mähne?‹ Wieder nichts! Oder als ich ihn über Behemoth und Leviathan ausfragte –«

»Worüber?« fragte der Teufel verwirrt.

»Nilpferd und Krokodil nennt man die heute wohl«, erläuterte Gott.

»Ach ja, richtig«, sagte der Teufel. »Und? Was war da?«

»Nichts, nichts und wieder nichts!« schnaufte Gott begeistert.

»Was ja nicht gerade viel ist!« stimmte der Teufel mit ein.

»Äußerst wenig!« rief Gott glühend.

»So gut wie gar nichts!« übertrumpfte ihn der Teufel.

»Sag ich doch: Nichts, nichts und wieder nichts!«

Für eine Weile schien es so, als hätte Gott das letzte Wort behalten. Der Teufel brummte zwar noch etwas von »Das muß gefeiert werden«, hob auch prostend das Glas, doch dann blickten beide schweigend in die Abendröte, die sich bereits anschickte, der beginnenden Nacht zu weichen.

»Was macht unser Bürstelfreund eigentlich?« sagte Gott plötzlich in die Stille und darauf: »Nein, das gibt's doch nicht!«

»Was?« Der Teufel hatte etwas Mühe, Gottes Zeigefinger zu folgen, aber dann sah auch er den jungen Mann. Der saß nun neben dem jungen Mädchen, doch sie auf einer Couch, während er auf einem Sessel Platz genommen hatte und gerade die Seiten eines großformatigen Buches umblätterte, welches auf dem niedrigen Glastischchen lag, umgeben von einer Teekanne, zwei Teetassen und einem Aschenbecher. Daß Hockney sich ständig um neue Formulierungen des Themas ›Wasser‹ bemüht habe, erläuterte der Umblätternde, bei diesem Bild hier handle es sich um eine extrem unnaturalistische Umsetzung, geradezu abstrakt-dekorativ in seiner betonten Linienführung, das werde besonders deutlich, wenn man es mit ›A bigger splash‹ vergleiche – worauf der junge Mann etwas nervös hin und her blätterte, bis er das Bild mit dem Sprungbrett und dem sehr realistisch aufschäumenden Wasser gefunden hatte –: Da!

»Läuft wohl nicht viel mit Bürsteln«, sagte der Teufel, wobei er allerdings jeden rechthaberischen Tonfall vermied.

»Sieht nicht danach aus …« Stirnrunzelnd beugte sich Gott abermals vor. »Sieht ganz und gar nicht danach aus …« Geistesabwesend starrte er auf den Teufel. »Dabei hätte ich schwören mögen, daß er sie bürsteln würde …«

Nun war es bereits so dunkel, daß die ersten Sterne sichtbar wurden. »Wie heißt er eigentlich?« Gott schaute sich ruckartig um, doch da war niemand, der ihm hätte Auskunft geben können.

»Mir –«, begann der Teufel.

»Mir? Seit wann heißt jemand Mir?« fragte Gott überrascht.

»Nein, nein – mir war so, als habe das Mädchen den Mann vorhin Ewald genannt«, sagte der Teufel, der noch versuchte, ein rasches »Prost auch« anzuhängen, doch so weit kam er gar nicht, denn »Ewald?« sagte Gott und »Ewald!« und dann »Mein Knecht Ewald!« und schließlich, nun schon voller Begeisterung: »Ewald! Das ist mein Knecht Ewald, an dem ich Wohlgefallen habe. Andere mögen meine Gesetze mißachten, ihre Tage sind ein Rauch, und ihre Nächte verbringen sie beim Bürsteln, eine Trauer sind sie mir und ein Ekel, doch da ist einer, der hat seinesgleichen nicht im Lande, der ist schlicht und recht, gottesfürchtig und meidet das Böse – mein Knecht Ewald!«

»Nu na, nu na«, wollte der Teufel zu bedenken geben, irgendwie ging ihm das alles zu rasch; doch da haute Gott feierlich auf den Tisch und fragte: »Willst du ihn nicht versuchen?«

»Wen?«

»Ihn da. Meinen Knecht Ewald.«

»Aber warum denn?« stammelte der Teufel verblüfft.

»Warum hast du denn meinen Knecht Hiob versucht?«

»Aber das war doch was ganz anderes!«

»War genau dasselbe!« Noch immer hämmerte Gott auf den Tisch, doch nun bereits in einem fordernden, fast wütenden Rhythmus. »Knecht ist Knecht. Da wird man schon mal verlangen können, daß er auch in schweren Zeiten zu mir hält.«

»Immer ich!« Der Teufel seufzte auf.

»Wer sonst?«

»Und wie stellst du dir das Versuchen vor?« wollte der Teufel wissen.

»Bin ich der Versucher oder du?« fragte Gott barsch zurück. »Nimm ihm irgendwas weg. Zum Beispiel seine Frauen.«

»Aber er hat doch gar keine.«

»Dann seine Söhne!«

»Hat doch nicht mal Frauen!«

»Dann seine Herden«, verlangte Gott, nachdem er den Gedanken an Töchter selbst verworfen hatte.

»Seine Herden!« Der Teufel griff in gespielter Verzweiflung zur Flasche. »Mitten in der Großstadt?«

»Dann eben seine Herde!«

Der Teufel sah Gott lauernd an, doch in dessen gerötetem Gesicht war kein Augenzwinkern zu entdecken. Daher schien es ihm geraten, einen sachlichen Tonfall anzuschlagen: »Es ist kaum denkbar, daß der junge Mann mehr als einen Herd besitzt, ja selbst dies möchte ich in aller Offenheit bezweifeln, da er ja zur Untermiete wohnt und –«

Gott, der während dieser Ausführungen wie abwesend in die Luft gestarrt hatte, riß plötzlich die Augen auf und sah den Teufel groß an: »Du wirst ihm doch wohl noch irgendwas wegnehmen können? Oder?!«

Der Teufel tat so, als denke er nach. Weshalb war alles immer so schwierig? Warum war sein Glas schon wieder leer? Wieso mußte ausgerechnet er immer in solch ungemütliche Situationen geraten?

»Na?« fragte Gott.

In seiner Verwirrung fiel dem Teufel nichts Besseres ein,

als abermals angeregt auf die Erde hinabzublicken und aufs Geratewohl »Oha! Oha!« zu sagen. Doch diesmal hatte er Glück.

»Ist was?« fragte Gott sich vorbeugend. »Das darf doch nicht wahr sein!« schrie er sodann und schließlich: »Welch eine Ratte! Schau dir doch nur diese Ratte da an!«

»Welche Ratte denn nun schon wieder!?« seufzte der Teufel, während er angestrengt in alle Richtungen blickte. Warum war da unten alles so undeutlich? Wieso wirkte alles derart verschwommen?

»Na, welche Ratte wohl?« Gott deutete erregt zur Erde. »Mein Bürstelknecht Ewald natürlich, wer denn sonst?«

»Bürstelknecht?« Doch nun sah der Teufel es auch: Nicht länger saßen der junge Mann und das Mädchen auf getrennten Möbeln, sondern nebeneinander auf der Couch. Kein Kunstband lag aufgeschlagen vor ihnen, eine entkorkte Flasche und zwei Gläser hatten seinen Platz eingenommen. Nicht mehr um Hockney drehten sich die Reden des jungen Mannes, sondern darum, wie denn das Ding da aufzukriegen sei, womit er offensichtlich den Büstenhalter meinte, an dessen rückwärtigem Teil seine Hände sich unter dem Pullover des Mädchens zu schaffen machten, ohne jedoch auf die erwarteten Haken und Ösen zu stoßen.

»Vielleicht will er ihr lediglich ... also den Rücken ... wollen mal sagen ... kraulen?« fragte der Teufel halbherzig, doch Gott, der bereits zu einer hohnlachenden Antwort hatte ansetzen wollen, wurde dieser Mühe durch das Mädchen enthoben, das plötzlich entschlossen seinen Pullover abstreifte und vor den verwunderten Augen des jungen Mannes – sowie denen der beiden anderen, ihr verborgenen Zuschauer – den Büstenhalter dort aufhakte, wo der junge Mann auf Grund seiner bisherigen Erfahrungen zuallerletzt angesetzt hätte, vorne nämlich, da, wo sich zwischen den Körbchen ein von einer Textilblume verdeckter Verschluß befand.

Für einen Moment schwiegen alle vier, das Mädchen lächelnd, der junge Mann verblüfft, Gott mit einem triumphierenden Seitenblick auf den Teufel, und der mit gespielter Betretenheit. Doch als der junge Mann das zu tun begann, was nach Lage der Dinge unausweichlich zu tun war, wandte sich Gott brüsk vom Ort des Geschehens ab, entriß dem Teufel die Cognac-Flasche, stellte sie knallend auf den Tisch und fragte: »Wie spät haben wir es eigentlich?«

»Nacht«, sagte der Teufel und deutete mit einer schwankenden Handbewegung auf die Sterne, die bereits seit einiger Zeit in vollständigem Glanze erstrahlt waren.

»Vor zehn oder nach zehn?« fragte Gott hart. Der Teufel musterte verlegen das Firmament. Wieso wackelten die Sterne eigentlich so? »Um zehn«, sagte er schließlich, um überhaupt was zu sagen.

»Um zehn …« Gott überlegte etwas, dann erhob er sich derart plötzlich, daß der Teufel Mühe hatte, das Tischchen und die Flaschen vor dem Umstürzen zu bewahren. »Ich muß noch einmal mit meinem Knecht Ewald reden«, sagte Gott erläuternd und wollte sich bereits zum Gehen wenden, als der Teufel, welcher unvermutet den, wie er sagte, bisher doch sehr netten Abend in Gefahr sah, plötzlich zu unerwarteter Eloquenz und Überzeugungskraft auflief.

Ob es denn nötig sei, daß Gott selber bei seinem Knecht vorspreche, gab er zu bedenken. Ob er damit nicht irgendeinen Stellvertreter auf Erden beauftragen könne? Nein, nicht den Papst, räumte er auf eine entsprechende Gegen-frage Gottes ein, bis der sich von Rom aus in Trab gesetzt habe, nein, nein, er denke da an irgend jemanden aus der Nachbarschaft des jungen Mannes, irgendein Nachbar könnte doch genauso gut in seinem, Gottes, Namen zu ihm da unten reden, etwa die – der Teufel überlegte kurz, dann schaute er Gott aus kleinen, aber glänzenden Augen an – die Zimmerwirtin. Die habe doch ohnehin darüber zu wa-chen, daß in ihren vier Wänden der – nennen wir es ruhig einmal so – Unzucht kein Vorschub geleistet werde, nach zehn dürfe sie daher jederzeit nach dem Rechten sehen, Gott brauche also lediglich seinen Geist über sie auszugie-ßen, den Rest werde diese – und nun riß es den Teufel fort – ebenso prächtige wie gottesfürchtige Frau sicherlich zur vollsten Zufriedenheit abwickeln, sie aber, und damit meine er jetzt den Gastgeber und sich – doch nun ver-stummte er, da Gott sich ächzend in den Sessel fallen ließ und eine Weile nachdenklich auf die Tischplatte starrte.

»Die Wirtin?« sagte er schließlich. »Name?«

»Reinig«, antwortete der Teufel, welcher so geistesge-genwärtig gewesen war, sich das kleine Blechschild an der Wohnungstür zu merken.

»Liegt wahrscheinlich schon längst im Bett«, brummte Gott mißmutig.

»Nein, nein, sie wischt gerade noch einmal die Küche auf«, versicherte der Teufel. »Da!«

»Tatsächlich.«

Eine Weile schauten beide der älteren Frau dabei zu, wie sie durch die bereits blitzblanke Küche schlurfte und ge-dankenverloren mit einem befeuchteten Lappen über Flä-chen, Bleche und Rohre fuhr, dann lehnte sich Gott zurück.

»Wenn du meinst«, sagte er gedehnt, und mit diesen Worten goß er seinen Geist über Frau Reinig aus.

Am nächsten Tag begegnete der Kunstgeschichtestudent Ewald S. in der Mensa seinem Freund, dem Psychologiestudenten Peter M., welchen er mit der Behauptung, er müsse ihm unbedingt etwas erzählen, an einen der unbesetzten Tische zog, um ihm überstürzt folgendes mitzuteilen: Also er, Ewald, habe gestern abend die Gesine, ja, die kleine Anglistin, abgeschleppt, alles sei auch schon prima gelaufen, als plötzlich kurz nach zehn die Wirtin an die Tür geklopft habe. Nein, nein, nicht um Damenbesuch nach zehn sei es ihr gegangen, ja, ja, das wisse er, daß das kein Straftatbestand mehr sei, nein, sie habe vielmehr – aber hoffentlich kriege er das alles noch zusammen, was sie da zusammengeredet habe. Also erstmal habe sie ihn aufgefordert, seine Lenden zu gürten wie ein Mann – möglicherweise habe er beim Öffnen bereits einen etwas derangierten Eindruck geboten –, dann habe sie ihn gebeten, sie zu belehren, worauf ein Wasserfall von Fragen gefolgt sei, die ihm auch jetzt noch, Stunden darauf also, nicht aus dem Kopf gingen. Ob er, Ewald, die Bande der sieben Sterne zusammenbinden oder das Band des Orion auflösen könne. Oder: Wer dem Platzregen seinen Lauf ausgeteilt habe. Oder: Ob er vernommen habe, wie breit die Erde sei. Dann habe es Frau Reinig plötzlich mit den Tieren gehabt. Um Gemsen sei es gegangen, um irgendeine Hindin und um Raben. Dann habe sie des längeren vom Strauß erzählt, dessen Fittich sich fröhlich hebe, der aber seine Eier in der heißen Erde vergesse, da Gott ihm die Weisheit genommen und keinen Verstand zugeteilt habe, und welcher – also der Strauß immer noch – zu der Zeit, da er hoch auffahre, beide verlache, Roß und Mann. Schon wollte der Freund zu Erklärungen ansetzen, schon hatte er den Begriff ›Klassische Paranoia‹ in den Redefluß des erregten Kommilitonen geworfen, als der ihn um Ruhe bat, er müsse zuerst noch den Rest der Ausführungen seiner Wirtin loswerden – soweit er sie überhaupt noch zusammenbekomme. Ja! Da sei es dann längere Zeit um das Nilpferd gegangen, dessen Schwanz sich recke wie eine Zeder und das den Strom in sich schlucke, ohne es groß zu achten, dann aber habe Frau Reinig plötzlich das Thema gewechselt und ihn gefragt, ob er das Krokodil mit dem Hamen ziehen könne und seine Zunge mit einer Schnur fassen. Um sie zu besänftigen, und auch aus Rücksicht auf Gesine – die saß doch die ganze Zeit halbnackt auf der Couch! – habe er diese Fragen strikt verneint, doch die Wirtin sei zu weiteren, immer anzüglicheren Fragen übergegangen, etwa der, ob er mit dem Krokodil wie mit einem Vogel spielen oder es für seine Dirnen anbinden könne. Ob er es wagen würde, die Kinnbacken seines Antlitzes aufzutun – nein! nicht meine, die des Krokodils! – von dem die Frau Reinig noch gesagt habe, ja, wörtlich: Schrecklich stehen seine Zähne umher.

Und das sei nicht alles gewesen, fuhr Ewald beschwörend fort, die Frau habe dem Krokodil noch einen Mund voller feuriger Fackeln angedichtet und ein Herz so hart wie ein unterer Mühlstein, und unten an ihm seien scharfe Scherben, es fahre wie ein Dreschwagen über den Schlamm, und auf Erden sei seinesgleichen niemand, es verachte alles, was hoch ist, es sei ein König über alles stolze Wild – ausgerechnet das Krokodil!

Und dann?

Dann sei die Wirtin auf einmal verstummt und wieder weggeschlurft, doch mit Gesine sei natürlich nichts mehr gelaufen, die habe nach dem ganzen Terror sofort nach Hause gewollt, und er habe sie unter diesen Umständen natürlich auch weder zum Bleiben bewegen können noch wollen – die wahnsinnige Wirtin hätte ja jeden Moment wiederkommen und zu noch handgreiflicheren Belästigungen übergehen können.

Nachdem er bedenklich die Stirn gekraust hatte, stellte der Freund einige gezielte Fragen, dann entwickelte er aus dem Stand mehrere Hypothesen, die schließlich in einer einzigen, der des Sexualneides, zusammenliefen, zu deutlich hätten sich Begriffe durch ihre Reden gezogen wie Lenden, Eier, Schwanz, Hamen – was immer das konkret bedeute –, und vor allem seien ihm die häufigen Anspielungen auf jenen ominösen »Unten«-Bereich aufgefallen, die Frau Reinig wiederum sämtlich dem Krokodil – übrigens ein sicher nicht zufällig sehr schwanzbetontes Tier! – zugeordnet habe, all diese merkwürdigen Mühlsteine und Scherben, welche zweifelsfrei darauf schließen ließen, daß Frau Reinigs Sexualneid in einer tiefen Sexualangst wurzele.

»Nun hör dir doch diese Ratte an«, sagte Gott und stieß den immer noch schlafenden Teufel in die Seite. Der schreckte hoch und blickte aus sehr kleinen, sehr geröteten Augen auf leere Teller, verwüstete Kuchen, umgestürzte Gläser und halbvolle Flaschen, sodann, angestrengt den Kopf hebend, auf sein Gegenüber, das, bereits wieder hellwach und zürnend, auf die Erde deutete. »Welch eine Ratte!« wiederholte er voller Ingrimm. »Welch eine bodenlose Ratte!«

»Er wird sie doch nicht immer noch bürsteln?« fragte der

Teufel verstört, während er verzweifelt versuchte, Gottes Fingerzeig zu folgen. »Nicht doch«, schrie er fast. »Er bürstelt sie in der Mensa? Aber nein«, fuhr er erleichtert fort, »dein Knecht Ewald redet ja nur mit jemandem. Sieht eigentlich ganz nett aus.«

»Wer?«

»Na, der da. Sein Gesprächspartner.«

»Der?« Gott lachte höhnisch auf. »Siehst du denn gar nicht, was der mit meinem Knecht Ewald vorhat?«

»Hat der was mit ihm vor?« Der Teufel riß die Augen auf und bemühte sich, ein Höchstmaß an Aufmerksamkeit an den Tag zu legen. Wenn ihm nur nicht immer der Kopf so hinabgesunken wäre. Warum sank ihm eigentlich der Kopf immer so hinab? »Will er ihn etwa – bürsteln?« fragte er noch, bevor sein Kopf wieder auf der Tischplatte aufschlug.

»Bürsteln? Ach was! Schlimmer! Viel schlimmer! Wenn ich mich nicht sehr täusche, dann ist der gerade dabei, meinen Knecht Ewald zu versuchen!« sagte Gott schneidend.

»Versuchen? Von deinen Gesetzen abbringen und so?« Der Teufel schien betroffen. »Aber das ist doch eigentlich meine Aufgabe!« versuchte er mit einem Rest von Würde zu sagen. Wenn er nur seinen Kopf vom Tisch bekommen hätte! Wieso bekam er eigentlich nicht seinen Kopf vom Tisch?

Gott lehnte sich zurück und blickte prüfend auf den Teufel, welcher schon wieder damit begonnen hatte, unüberhörbar vor sich hin zu schnarchen. »Nicht mehr lange«, schien sein Betrachter zu denken, »nicht mehr lange!« Doch hier sollte die Geschichte wohl besser schließen, denn wer darf schon von sich behaupten, er kenne sich aus in SEINEN Gedanken?

Editorische Notiz

Die Auswahl der Texte besorgte der Autor. Sie wurden folgenden Bänden entnommen:

Die Wahrheit über Arnold Hau. Frankfurt a. M.: Bärmeier & Nikel, 1966. Neuausg. Frankfurt a. M.: Zweitausendeins, 1974
Daraus: »Das Gesetz«, »Die Lehre«, »Die Lesung«.

Es gibt kein richtiges Leben im valschen. Humoresken aus unseren Kreisen. Zürich: Haffmans, 1987.
Daraus: »Die Humoreske«.

Kippfigur. Erzählungen. Zürich: Haffmans, 1986.
Daraus: »Die Erzählung«.

Die Blusen des Böhmen. Frankfurt a. M.: Zweitausendeins, 1977.
Daraus: »Die Fabel«, »Die Legende«, »Die Anekdote«, »Das Märchen«, »Die Kurzgeschichte«, »Die Fliegergeschichte«, »Die Reiseerzählung«.

Letzte Ölung. Ausgesuchte Satiren 1962-1984. Zürich: Haffmans, 1984.
Daraus: »Die Reportage«, »Der Kommentar«, »Der Brief«, »Die Fibel«, »Der Fortsetzungsroman«, »Die Autobiographie«.

Welt im Spiegel 1964-1976. Frankfurt a. M.: Zweitausendeins, 1979.
Daraus: »Die Frage«, »Die Antwort«, »Die Nachricht«, »Die Richtigstellung«, »Die Gegendarstellung«, »Die Klarstellung«, »Der Tip«, »Das Telefongespräch«, »Der Rückblick«, »Das Info«, »Die Hausmitteilung«, »Das Interview«, »Der Spruch«, »Der Slogan«, »Der Aphorismus«, »Die Quizfrage«, »Das Gedenkblatt«, »Der Nachruf«, »Der Aufsatz«, »Das Feuilleton«, »Die Kritik«, »Die Rede« [zus. m. P.

Knorr], »Die Predigt«, »Die Reflexion«, »Das Vermächtnis«, »Das Rätsel«, »Der Witz«, »Die Fallstudie«, »Das Gedächtnisprotokoll«.

»Das Tagebuch«: Erstveröffentlichung; einige Passagen waren bereits in *Der Rabe. Magazin für jede Art von Literatur,* Nr. 34: *Der Tagebuch-Rabe,* hrsg. von Joachim Kersten, Zürich: Haffmans, 1992, abgedruckt.

Textabweichungen gegenüber den Fassungen der Druckvorlagen gehen auf Korrekturen des Autors zurück.

Biographie und Bibliographie

Robert Gernhardt (1937–2006) lebte als freier Lyriker und Schriftsteller, Maler und Zeichner in Frankfurt am Main und in der Toscana. Sein großes literarisches, malerisches und zeichnerisches Werk wurde mit zahlreichen Preisen und Ehrungen, u. a. mit dem Heinrich-Heine-Preis und dem Wilhelm-Busch-Preis, ausgezeichnet. Robert Gernhardts umfangreiches Werk erscheint beim S. Fischer Verlag.

Die Wahrheit über Arnold Hau. Frankfurt a. M.: Bärmeier & Nickel, 1966. Neuausg. Frankfurt a. M.: Zweitausendeins. 1974. [Zus. mit F. W. Bernstein und Friedrich Karl Waechter.]

Ich höre was, was du nicht siehst. Bilder von Almut Gernhardt. Mit Geschichten von R. G. Frankfurt a. M.: Insel Verlag, 1975. – Neuausg. Frankfurt a. M.: Fischer Taschenbuch Verlag, 2012.

Besternte Ernte. Gedichte aus fünfzehn Jahren. Frankfurt a. M.: Zweitausendeins, 1976. [Zus. mit F. W. Bernstein.]

Mit dir sind wir vier. Frankfurt a. M.: Insel Verlag, 1976. [Zus. mit Almut Gernhardt.]

Die Blusen des Böhmen. Geschichten, Bilder, Geschichten in Bildern und Bilder aus der Geschichte. Frankfurt a. M.: Zweitausendeins, 1977.

Was für ein Tag. Eine Geschichte. Mit Bildern von Almut Gernhardt. Frankfurt a. M.: Insel Verlag, 1978. – Neuausg. Frankfurt a. M.: Fischer Taschenbuch Verlag, 2012.

Welt im Spiegel. WimS 1964–1976. Frankfurt a. M.: Zweitausendeins, 1979. [Zus. mit F. W. Bernstein und Friedrich Karl Waechter.]

Ein gutes Schwein bleibt nicht allein. 7 Geschichten von R. G. und 66 Bilder von Almut Gernhardt. Frankfurt a. M.: Insel Verlag, 1980. – Neuausg. Frankfurt a. M.: Fischer Taschenbuch Verlag, 2012.

Die Madagaskarreise. Ein Reisebericht in Zeichnungen. Frankfurt a. M.: Zweitausendeins, 1980.

Wörtersee. Gedichte und Bildgedichte. Frankfurt a. M.: Zweitausendeins, 1981.

Ich Ich Ich. Roman. Zürich: Haffmans, 1982.

Der Weg durch die Wand. 13 abenteuerliche Geschichten zu Bildern von Almut Gernhardt. Frankfurt a. M.: Insel Verlag, 1982. – Neuausg. Frankfurt a. M.: Fischer Taschenbuch Verlag, 2012.

Gernhardts Erzählungen. 120 Bildergeschichten. Zürich: Haffmans, 1983.

Glück Glanz Ruhm. Erzählung, Betrachtung, Bericht. Zürich: Haffmans, 1983.

Katzenpost. Kartengrüße von Missu und Pumpi. Zürich: Haffmans, 1983. – Neuausg. Frankfurt a. M.: Fischer Taschenbuch Verlag, 2012.

Feder Franz sucht Feder Frieda. Eine Geschichte von R. G. zu Bildern von Almut Gernhardt. Frankfurt a. M.: Insel Verlag, 1985. [Zus. mit Almut Gernhardt.]

Hier spricht der Dichter. 120 Bildgedichte. Zürich: Haffmans, 1985.

Letzte Ölung. Ausgesuchte Satiren. Zürich: Haffmans, 1985.

Kippfigur. Erzählungen. Zürich: Haffmans, 1986.

Schnuffis sämtliche Abenteuer. 137 Bildgeschichten. Zürich: Haffmans, 1986.

Die Toskana-Therapie. Schauspiel in 19 Bildern. Zürich: Haffmans, 1986. – Neuausg. Frankfurt a. M.: Fischer Taschenbuch Verlag, 2007.

Was bleibt. Gedanken zur deutschsprachigen Literatur unserer Zeit. Zürich: Haffmans, 1986.

Es gibt kein richtiges Leben im valschen. Humoresken aus unseren Kreisen. Zürich: Haffmans, 1987.

Körper in Cafés. Gedichte. Zürich: Haffmans, 1987.

Innen und Außen. Bilder, Zeichnungen, Über Malerei. Zürich: Haffmans, 1988.

Was gibt's denn da zu lachen? Kritik der Komiker, Kritik der Kritiker, Kritik der Komik. Zürich: Haffmans, 1988.

Hört, Hört! WimS Vorlesebuch. Zürich: Haffmans, 1989. [Zus. mit F. W. Bernstein.]

Achterbahn. Ein Lesebuch. Frankfurt a. M.: Insel Verlag, 1990.

Gedanken zum Gedicht. Zürich: Haffmans, 1990.

Reim und Zeit. Gedichte. Stuttgart: Reclam, 1990. – Neuausg. Stuttgart: Reclam, 2025.

Lug und Trug. Drei exemplarische Erzählungen. Zürich: Haffmans, 1991.

Die Falle. Eine Weihnachtsgeschichte. Zürich: Haffmans, 1993.

Weiche Ziele. Gedichte 1984–1994. Zürich: Haffmans, 1994.

Über Alles. Ein Lese- und Bilderbuch. Zürich: Haffmans, 1994.

Ostergeschichte. Zürich: Haffmans, 1995.

Die Drei. Zürich: Haffmans, 1995. [Zus. mit F. W. Bernstein und Friedrich Karl Waechter.]

Prosamen. Stuttgart: Reclam, 1995. – Neuausg. Stuttgart: Reclam, 2025.

Wege zum Ruhm. 13 Hilfestellungen für junge Künstler und 1 Warnung. Zürich: Haffmans, 1995.

Was deine Katze wirklich denkt. Zürich: Haffmans, 1996.

Gedichte 1954–1994. Zürich: Haffmans, 1996.

Hier spricht der Zeichner. Bildwitze, Cartoons, Comics, Bildergeschichten, Bildgedichte, Photogedichte. Stuttgart: Reclam, 1996. – Neuausg. Stuttgart: Reclam, 2025.

Das Buch der Bücher. Ich Ich Ich / Kippfigur / Lug und Trug. Zürich: Haffmans, 1997.

Lichte Gedichte. Zürich: Haffmans, 1997.

Septemberbuch. Zürich: Haffmans, 1997.

Gernhardts Göttingen. Göttingen: Satzwerk, 1997.

Vom Schönen, Guten, Baren. Bildergeschichten und Bildgedichte. Zürich: Haffmans, 1997.

Erna, der Baum nadelt. Ein botanisches Drama am Heiligen Abend. Zürich: Haffmans, 1998. [Zus. mit Bernd Eilert und Peter Knorr.]

Herz in Not. Tagebuch eines Eingriffs in einhundert Eintragungen. Zürich: Haffmans, 1998.

Klappaltar. Drei Hommagen. Zürich: Haffmans, 1998.

Unsere Erde ist vielleicht ein Weibchen. Zürich: Haffmans, 1999.

Der letzte Zeichner. Zürich: Haffmans, 1999.

Es ist ein Has' entsprungen. Und andere Geschichten zum Fest. Zürich: Haffmans, 1999. [Zus. mit Bernd Eilert und Peter Knorr.]

In gemeinsamer Sache. Gedichte über Liebe und Tod, Natur und Kunst. Zürich: Haffmans, 2000. [Zus. mit Peter Rühmkorf.]

In Zungen reden. Stimmenimitationen von Gott bis Jandl. Frankfurt a. M.: Fischer Taschenbuch Verlag, 2000.

Robert Gernhardt entdeckt Heinrich Heine. Hamburg: Europa-Verlag, 2001.

Berliner Zehner. Hauptstadtgedichte. Zürich: Haffmans, 2001.

Im Glück und anderswo. Gedichte. Frankfurt a. M.: S. Fischer, 2002.

Meer von Gernhardt. Hamburg: mare Verlag, 2002.

Hell und schnell. 555 komische Gedichte aus 5 Jahrhunderten. Hrsg. von Robert Gernhardt und Klaus Cäsar Zehrer. Frankfurt a. M.: S. Fischer, 2004.

Die K-Gedichte. Frankfurt a. M.: S. Fischer, 2004.

Montaieser Bestiarium. Rolandseck: Rommerskirchen, 2004.

Gesammelte Gedichte. Frankfurt a. M.: S. Fischer, 2005.

Das Ungeheuer von Well Ness. Die 7 Säulen des Wohlseins. Frankfurt a. M.: S. Fischer, 2005. [Zus. mit Bernd Eilert und Peter Knorr.]

Später Spagat. Gedichte. Frankfurt a. M.: S. Fischer, 2006.

Denken wir uns. Erzählungen. Frankfurt a. M.: S. Fischer, 2007.

Kippfiguren. Robert Gernhardts Brunnen-Hefte. Marbach a. N.: Deutsche Schillergesellschaft, 2007.

Weiße Weihnacht an der Côte d'Azur. Hrsg. von R. G. und Johannes Möller. Frankfurt a. M.: Fischer Taschenbuch Verlag, 2007.

Was das Gedicht alles kann: Alles. Texte zur Poetik. Hrsg. von Lutz Hagestedt und Johannes Möller. Frankfurt a. M.: S. Fischer, 2009.

Toscana mia. Hrsg. von Kristina Maidt-Zinke. Frankfurt a. M.: S. Fischer, 2011.

Hinter der Kurve. Reisen 1978–2005. Frankfurt a. M.: S. Fischer, 2012.

Wenn schöne Frauen morgens sich erheben. Ein Lesebuch mit Bildern. Hrsg. von Johannes Möller, Frankfurt a. M.: Edition Büchergilde, 2012.

Das große Lesebuch. Hrsg. von Kristina Maidt-Zinke. Frankfurt a. M.: S. Fischer, 2017.

Der kleine Gernhardt. Hrsg. von Andrea Stoll. Frankfurt a. M.: S. Fischer, 2017.

Weihnachten mit Robert Gernhardt. Hrsg. von Johannes Möller. Frankfurt a. M.: Fischer Klassik, 2017.

Nachlese

Will jemand in diesen Breiten und Zeiten Schriftsteller werden, dann tut er gut daran, möglichst früh mit eigener, unverwechselbarer Stimme zu reden. Wie schon im Sturm und Drang selig verlangt die Leserschaft trotz aller Totsagungen der Person und Grablegungen des Individuums auch heute noch das Original mit der unerhörten, bisher noch nie gehörten Sprache, und argwöhnisch achtet eine äußerst belesene Kritik darauf, ob das neugeschaffene Werk fremde Einflüsse aufweist: schlecht; oder ob es dem Autor gelungen ist, sich bereits mit seinem ersten Buch freizuschreiben: gut.

Und es kann ja auch gutgehn. Eine einzige Nacht genügte einem jungen, unbekannten Prager Schriftsteller, einen Ton anzuschlagen, welcher seither fester Bestandteil des Weltliteraturkonzerts ist, und er scheint dies geahnt zu haben. Am 23. 9. 1912 trägt er in sein Tagebuch ein: »23. September. Diese Geschichte ›Das Urteil‹ habe ich in der Nacht vom 22. bis 23. von zehn Uhr abends bis sechs Uhr früh in einem Zug geschrieben [...] Wie alles gesagt werden kann, wie für alle, für die fremdesten Einfälle ein großes Feuer bereitet ist, in dem sie vergehn und auferstehn [...] Nur so kann geschrieben werden, nur in einem solchen Zusammenhang, mit solch vollständiger Öffnung des Leibes und der Seele.«

Viele haben es seither Kafka nachtun wollen, was freilich in den meisten Fällen darauf hinauslief, daß sie Kafka nachmachten; ihn oder einen der anderen Meister, den sie sich insgeheim zum Schreibvorbild erwählt hatten, stets in der Furcht, es könnte ihnen jemand draufkommen, welchen.

Wie und wo aber sollen die angehenden Schriftsteller lernen, wenn sie bei niemandem in die Schule gehen dürfen? Wie selber Meister werden, wenn ihnen das Unmögliche abverlangt wird, als niemandes Geselle bereits im zarten Jünglingsalter meistergleich vom Himmel zu fallen? Die vorliegende Sammlung unternimmt den Versuch, einen Ausweg aus dem Dilemma aufzuzeigen: meinen. Gut möglich, daß er nur für mich gilt, vielleicht handelt es sich auch weniger um einen Aus- denn um einen Ab-, wenn nicht Irrweg; doch erstens kann man auch aus den Fehlern anderer lernen, und zweitens ist das letzte Wort in dieser Sache noch nicht gesprochen, im Gegenteil. Jetzt erst geht es richtig los:

Es war einmal ein Knabe, nennen wir ihn G., den niemals der Ehrgeiz plagte, ein ernsthafter Schriftsteller zu werden. Auch kein unernster, sei hinzugefügt, vielmehr gar keiner. Zum Maler nämlich fühlte er sich berufen, als Maler verbrachte er lange, stille Stunden vor Zeichenpapier und Leinwand. In der Zeit aber, in welcher er weder zeichnete noch malte, las er meistens, und das sollte nicht ohne Folgen bleiben. Denn was immer er las, ob Zeitung oder Lehrbuch, Anekdote oder Märchen, Krimi oder Zeitroman – stets sprachen die Stimmen in seinem Kopfe weiter, nicht nur unmittelbar nach der Lektüre, sondern auch noch nach Tagen, ja Wochen, und manchmal wußte er sie nicht anders zum Schweigen zu bringen als dadurch, daß er das Malen unterbrach und niederschrieb, was ihm da so gerade durch den Kopf ging.

Das Schicksal fügte es, daß er an der Berliner Hochschule für bildende Künste Fritz Weigle alias F. W. Bernstein traf, einen ähnlich veranlagten Maler, und nun begann die

Sache Spaß zu machen. Neben der Malerei studierten die beiden Germanistik – für angehende Kunsterzieher war ein Beifach obligatorisch –, und was immer an Tonfällen, Redeweisen und Mitteilungsformen über ihren Studienweg lief, wurde verwertet, besser gesagt verwurstet: Ob Nibelungenepos oder Barockschwank, Alexandriner oder Schäferdichtung, Schicksalsdrama oder Absurdes Theater – alles wurde daraufhin abgeklopft, ob Geisteshaltung oder Sprachmaterial jene hohltönenden Stellen aufwies, in welchen latente Komik nistete bzw. sich komikträchtiger Nährboden angesammelt hatte, welcher seinerseits komische Keime zum Erblühen bringen konnte. Ein Vorgehen, das in simpler Parodie oder schlichter Travestie hätte versanden können, wäre ihm nicht jede Tendenz gleichgültig, ja fremd gewesen: Nicht um Kritik an überlebten Ausdrucksweisen ging es den beiden oder um die Bloßstellung obsoleter Inhalte – Ziel war stets das eigene Vergnügen, und erlaubt war alles, was es steigerte.

»It's more fun to compete« kann man an Spielautomaten lesen, eine Erfahrung, die auch unsere beiden Helden machten. Um die Wette schrieben sie Pseudo-Essays und Kürzestdramen, kunstvolle Beschimpfungen der Heimatstadt des je anderen und Preisgesänge auf die je eigene, vor allem aber, angeregt durch den Fund in einer Krabbelkiste, Goethe-Anekdoten, ein Unterfangen, für das sie auch andere Maler-Kollegen zu begeistern wußten, so daß das Schreiben in den eigentlich der Bildkunst vorbehaltenen Ateliers kein Ende nehmen wollte.

Das freilich kam rascher als gedacht. 1964 wurde aus Spaß Ernst: Die beiden Gelegenheitsschreiber traten in die Redaktion der knapp zwei Jahre alten Satirezeitschrift *par-

don ein und sahen sich unversehens gehalten, die bisher lediglich vom Lustprinzip gesteuerte Stimmensuche und Stimmenverwertung systematisch zu betreiben. Vom September '64 an hatten sie, zusammen mit F. K. Waechter, monatlich eine *Welt im Spiegel*, kurz WimS genannte, Nonsens-Doppelseite zu füllen, und da sie diese Recherche ganze elf Jahre lang betrieben, bis 1976, kam mit der Zeit ein regelrechtes Stimmengewirr zusammen, so viel jedenfalls, daß G., darum gebeten, analog zu seiner Gedichtsammlung *Reim und Zeit* eine Auswahl seiner Prosa zu treffen, beschloß, statt einer »Best of Gernhardt«-Blütenlese eine Hommage an all jene Stimmen zusammenzustellen, die ihn zum Schreiben verlockt, verführt und manchmal geradezu genötigt hatten. Ende des berichtenden bzw. erzählenden Teils dieser Nachlese; betrachten wir kurz – und ab jetzt in der Ersten Person Singular – was da an Stimmen zusammengekommen ist und wie sich das Gewirr einigermaßen sinnvoll entflechten läßt.

Vielleicht hilft die folgende Behauptung weiter: Vor bzw. außer allem persönlichen Sprechen gibt es zwei weitere Sprechweisen, die unpersönliche und die überpersönliche. Unpersönlich sind viele journalistische Mitteilungsformen; Prototyp unpersönlichen Sprechens ist die Nachricht, die, zumindest im klassischen Journalismus, durch keinen Tropfen Kommentars verwässert oder getrübt werden darf. Unpersönlich geben sich ferner viele der Nachricht verwandte Mitteilungen, auch solche außerhalb der Zeitung: Der Hinweis, der Tip, die Regel, das Rezept, die Gebrauchsanweisung, der Lehrsatz, die Haus-, Park-, Badeordnung, das Gesetz – alles Texte, die für den Druck und das Gelesenwerden bestimmt sind, überwiegend straffe

Mitteilungsformen jüngeren Datums, die es hier und da immer noch schwer haben, sich in gebotener Bündigkeit zu etablieren – wer jemals in eine italienische Tageszeitung geblickt hat, der weiß, daß dort Nachrichten noch immer gerne erzählt werden: »Certaldo. Es war ein dunkler, regnerischer Morgen, als die vier unausgeschlafenen Männer jenen Kleinbus bestiegen, der ihr Schicksal werden sollte. Doch davon wußte Antonella S. noch nichts, als sie ihrem Gatten wie gewohnt (Fortsetzung auf Seite 14).«

Überpersönliche Mitteilungsformen hingegen haben ihren Ursprung nicht in Schreib-, sondern in Redeweisen: Das Gebet, der Schwur, die Klage, der Fluch, die Weissagung, der Zauber, die Predigt, die Rede – sie alle gab es vor jeder Schrift, und doch sind sie uns Heutigen, zumindest in Schwundformen, immer noch geläufig: »Abrakadabra, dreimal Schwarzer Kater …«

Überpersönlich sind schließlich viele Erzählformen, die der fixierten Literatur vorangegangen sind, also Rätsel, Märchen, Sage, Legende, aber auch solche, die als eingeführte literarische Genres nicht dem einmaligen Ausdruck eines einzigartigen Autoren-Ichs dienen, sondern sich samt Verfasser in den Dienst von Leser-Erwartungen stellen, egal ob dieser Leser nun lachen will und deshalb zur Humoreske greift, oder weinen, weshalb er dem Liebes- und Schicksalsroman den Vorzug gibt, oder sich entladen, wobei sich ein Porno als hilfreich erweisen kann.

Wer die vorliegende Sammlung aufmerksam durchblättert, wird bemerken, daß in ihr einige der soeben genannten alteingeführten Mitteilungsformen fehlen, während sich andere finden, welche ihrer etwas wackligen Benennung wegen mit Mißtrauen zur Kenntnis genommen werden dürften: »Fliegergeschichte? Was nicht gar! Warum nicht auch Radlergeschichte? Oder Paddlergeschichte?«

Ja, warum eigentlich nicht?

Wie immer – eine Schneise ins Dickicht einer nichtpersonengebundenen Literatur ist geschlagen worden: Hereinspaziert und weitergerodet, weiterkultiviert, meinetwegen auch weitergeplündert! Statt vom »Dickicht der Literatur« nämlich könnte man auch vom »Schatzkästlein der Sprache« reden, von einem Fundus, aus welchem sich jeder je nach Bedarf bedienen kann, ohne dafür als Plagiator gescholten zu werden: Wer un- oder überpersönliche Schreib- oder Redeweisen nachmacht oder verfälscht oder nachgemachte oder verfälschte un- oder überpersönliche Schreib- oder Redeweisen in Umlauf setzt, wird mit Lust–, manchmal auch mit Erkenntnisgewinn belohnt; und wenn alles gut geht, fällt davon sogar etwas für den Leser ab. Sela.

Zum Abschluß noch drei, vier Anmerkungen zu meinen Lesefrüchten bzw. meinem Beutegut.

Nicht alle Beiträge stammen aus der *Welt im Spiegel*, nicht alle füllen die vorgegebene Form mit erfundenem, wie immer komischem Inhalt. Die »Reportage« im ersten, das »Tagebuch« im zweiten, das »Gedächtnisprotokoll« oder die »Autobiographie« im dritten Teil wollen das Versprechen der Überschrift korrekt erfüllen, da in allen Fällen erlebte, ja erlittene Inhalte mitgeteilt werden.

Auch der »Brief« ist der Realität verpflichtet. Er erschien in der *Titanic*-Rubrik »Briefe an die Leser« und stützt sich auf Originalzitate aus der *art*-Werbung.

Der »Kommentar« fällt dadurch aus dem Rahmen, daß die Stimmenimitation ausnahmsweise tendenziös ist, also satirischen Zwecken dient. Das gleiche gilt für die Sprache des »Fortsetzungsromans«. Um die Freicorpsmentalität der Dregger und Wörner angemessen verbalisieren zu können, mußte ich mich durch einen vollständigen Freicorps-Roman Edwin Erich Dwingers lesen, *Die letzten Reiter*, die in der Tat das Letzte sind. Wer jedoch auf Grund sprachlicher Ähnlichkeiten – »doch mein MG hatte bereits zu reden begonnen« – auch hinter der »Fliegergeschichte« satirische Absichten vermutet, tut diesem Textchen zuviel der Ehre an. Ich schrieb es nach zufälliger Gute-Nacht-Lektüre der Memoiren des Ernst Udet, eines sogenannten Fliegerasses aus dem Ersten Weltkrieg, und ich tat es – mal sehn, ob man den Unfug in Unsinn überführen kann –, um die lästige Stimme so rasch wie möglich wieder loszuwerden und mit ihr ihre nervende Botschaft: »Gegner in der Luft, Kameraden auf der Erde«.

Die »Rede« und das »Rätsel« entstanden in Zusammenarbeit mit Pit Knorr.

Ein Fall für sich ist die »Reiseerzählung«. Sie stammt aus der ersten Hälfte der 70er und ist die Frucht von Versuch und Selbstversuch: Ich versuchte so hart an der sprachlichen Schmerzgrenze entlang zu schreiben, daß ich mich selber immer wieder versucht sah, das Experiment abzubrechen. Ich hielt durch; nicht zuletzt deswegen, weil ich mich in meinem Bestreben, zur Abwechslung mal nicht die bestmögliche, sondern möglichst schlechte Arbeit zu leisten, in guter Gesellschaft wußte. Schlag nach bei Giorgio Vasari, dem Zeitgenossen Michelangelos und Biographen der italienischen Renaissance-Künstler, Band V und Seite 429 der Cotta'schen Ausgabe von 1847: »In seiner Jugend, da Michelangelo einmal mit befreundeten Malern zusammen war, scherzten sie beim Abendessen, wer eine Figur darstellen könne, die gar keine Zeichnung habe, die häßlich sey, gleich den Fratzen derjenigen, die gar nichts verstehen und die die Mauern besudeln. Hier half ihm sein Gedächtnis, denn er erinnerte sich auf einer Mauer eine derartige tölpische Figur gesehen zu haben, er stellte sie dar, gleich als ob sie ihm eben erst vor Augen gewesen sey und übertraf damit alle Maler; eine schwierige, nicht leicht mit Geschick zu lösende Sache für einen in der Zeichnung so herrlichen und an ausgesuchte Dinge gewöhnten Meister.«

Die »Erzählung« schließlich stellt den Grenzfall dar: Schon sieht sich der Autor gehalten, mit eigener Stimme zu reden – so, wie er es auch in den anderen Erzählungen tut, die sich neben »Das Buch Ewald« in seiner *Kippfigur* betitelten Erzählsammlung finden –, doch tut er dies im Duett mit einer nun wirklich vollkommen überpersönlichen Zweitstimme, der Gottes, zitiert und paraphrasiert nach dessen bombiger, im »Buch Hiob« veröffentlichter Originalrede.

Zu guter Letzt sei zwei Unterstellungen entgegengetreten:

»Aber André Jolles ... der Autor weiß vermutlich gar nicht, daß André Jolles bereits 1929 in seinem Standardwerk *Einfache Formen* ...« Doch, der Autor weiß davon, er hat das Buch sogar mit leichter Verwunderung gelesen: Was – nur neun? Mehr einfache Formen hat der nicht zu bieten?

Sowie: »Daß Schriftsteller auf eine eigene Stimme verzichten, ist doch ein alter Hut! Hat der Autor denn noch nie etwas von Briefromanen, fiktiven Chroniken und von Pseudodokumentationen wie *Die Iden des März* von Thornton Wilder gehört?«

Doch, hat er. Aber nicht um die Nutzung disparater Stimmen für die Hochliteratur geht es ihm, sondern um Ermunterung. Darum, daß es auch ein Schreiben unterhalb bzw. außerhalb allen Kunstanspruchs gibt und daß sich angehende Schreiber ruhig trauen sollten, nicht gleich Ich zu sagen. Wenn sie sich zuvor erst einmal etwas umgehört und ein wenig in fremden Stimmen geredet haben, wird ihnen die eigene Stimme um so kostbarer und eigenartiger vorkommen. Ihnen und, wenn alles gut geht, auch ihren Lesern.